安石啓特枉
營衛殊闕從容然
慰久闊卿往之情多
矣宿寒
安否明日僅
上問傾一飯否餘留
面敘不宣　安石頓首

監修者——木村靖二／岸本美緒／小松久男／佐藤次高

［カバー表写真］
王安石肖像

［カバー裏写真］
王安石故居

［扉写真］
王安石手跡

世界史リブレット人33

王安石

北宋の孤高の改革者

Kobayashi Yoshihiro
小林義廣

目次

王安石の知名度

孔子や孟子、さらには「三国志」に登場する曹操や諸葛亮(孔明)といった人物は、とくに中国の歴史に興味のない日本人でも名前ぐらいは聞いたことがあるだろうが、王安石(一〇二一〜八六)となると、かなり馴染みが薄いかもしれない。彼は、平清盛よりも、ほぼ百年ほど前に活躍し、宇治の平等院をつくった藤原頼通と同じ時代にこの世の空気を吸っていて、その亡くなった翌年の一〇八七年に後三年の役が終わっている。こう聞けば、私たちとかかわりのない、かなり古い時代の人間だと片づけられてしまいそうである。それでも、一般の日本人にも全く接点がないわけではない。「紅一点」という言葉は、現在でも男性のなかに一人の女性が混じっている意味で広く使用されているが、それは王安石がつくったとされる石榴《ざくろ》を歌った詩の、「一面の緑のなかに一つの赤い石榴の花が咲いている(万緑叢中紅一点)」という一節を典拠としているといえば納得されるであろうか。

それにもまして、高等学校の世界史の教科書を見ると、王安石という名前は、各出版社から出されているほとんどの教科書に載っており、王安石は世界史の知識として教えるに値する人物だとされているのである。ためしに世界史教科書に登場する重要用語の簡単な説明と、各出版社が発行する教科書に載る用語の頻度数を記した山川出版社『世界史Ⓑ用語集』をひもといてみよう。この『用語集』の、近年の何回かの改訂版を見てみると、どの版を見ても孔子や孟子と同じ程度の二桁をこえる頻度数を誇っており、曹操や劉備といった三国志の英雄よりも多いくらいである。

それでは、どのような人物で何をおこなったと記されているのであろうか。各教科書の記述を最大公約数的に整理すれば、つぎのような説明になろうか。九六〇年に建国された北宋は、北方の契丹族▲や西北のタングート族▲の圧迫を受けて国防・外交費が増加し、更には官僚機構を維持するための経費がかさんで

▼契丹族　モンゴル系遊牧狩猟民族。唐朝の衰退とともに、耶律阿保機が契丹諸部族を統合して、九一六年に契丹国を建国。九三六年に太宗(耶律徳光)は、五代後晋の建国に協力した見返りとして、長城に沿った燕雲十六州を獲得。一〇〇四年、六代目聖宗(耶律隆緒)は宋朝の真宗と澶淵《せんえん》の盟を結んだ。帝室の耶律大石は遼が滅亡する直前に中央アジアに逃れて、一一三二年に西遼を建国、八〇余年の命脈を保った。

▼タングート族　チベット系の民族。元来、青海地方に居住していたが、吐蕃に圧迫されて、八世紀後半に甘粛・陝西の北部からオルドス地方に移住した。唐末の黄巣の乱に際して、首領の拓跋思恭はその平定に協力して、唐朝から李姓を授けられた。一〇三八年、李元昊は皇帝を称し、国号を大夏とし、都を興慶府(寧夏回族自治区銀川市)に置いた。西夏は東西交通の要衝に位置し、中継貿易で繁栄したが、一二二七年、チンギス・ハーンに亡ぼされた。

▼神宗（在位一〇六七〜八五）　英宗の長子として一〇四八年に誕生。二十歳で即位。享年三八。

▼仁宗（在位一〇二二〜六三）　真宗の第六子として、一〇一〇年に誕生。十三歳で即位。足掛け四三年間の在位は北宋時代最長。享年五四。彼の治政時代は、後世、太平の代表とされる。

国家財政が逼迫した。そのため、北宋六代目皇帝の神宗▲は王安石を登用して、農民や中小商工業者の生活の安定と生産増加をはかりながら、国庫の歳入の増加による財政の確立と軍事力の強化を目指した「新法」と呼ばれる改革を推進した。しかし、財政は安定したが、地主や大商人の利益を抑えた、急激な改革に反発する官僚も多くて、王安石の引退後は新法をめぐる、いわゆる新法党と旧法党の対立（党争）が長く続いて宋朝の国力を弱めた。

　この説明は、従前の、内外の研究者による王安石の新法にかんする大方の見解を過不足なく示していて、なんの問題もないようにみえる。とはいえ、この説明を少し掘りさげて検討してみると、いくつかの疑問や不満がわき上がってくる。第一に、国家財政は、いつごろから悪化し、王安石が登場するまでは、誰もこの問題に手をつけなかったのだろうかという点である。じつは、高校の教科書には、宋代の改革といえば、日本人の研究状況を反映して王安石の新法だけしか記載がないのだが、欧米の研究をみると、王安石の改革は、「大改革（major reform）」と記述され、これより以前の「小改革（minor reform）」を念頭においた議論が展開されている。この「小改革」とは、仁宗▲の一〇四三（慶暦三)年に始まる、元号にちなんで「慶暦の新政」と呼ばれる改革であり、大陸と台湾の中国人の王安石研究者も、この慶暦の新政とのつながりに多少とも注意を払っている。私も、王安石の新法は、慶暦の新政以後の歴史の流れのなかに位置づけられるべきだと考えている。

第二は、新法をめぐる強烈な反対に対する説明である。教科書は、新法改革が急激で、地主や大商人の利益を抑えたところに起因すると説いている。研究者のなかでも、とくに大陸中国の研究者は、さらに進んで新法党と旧法党の党争は、王安石を代表とする中小地主と司馬光▲に代表される大地主・大商人の対立というように階級利害をめぐる闘争だと規定する見解を表明している。この二項対立の説明は分かりやすく、そうした側面がこの党争には確かに存在していたことを否定できない。しかし、王安石の新法に対しては、王安国▲と王安礼▲という二人の弟は兄と必ずしも同一歩調をとっていたわけでなく、ことに王安国は改革の早い段階から批判を寄せていて、そうした階級や利害の対立からだけでは充分な説明がつかないように思える。しかも、王安石を神宗に推挙した師傅(天子や皇太子の顧問・教育係)の韓維や、その兄で新法を熱心に推進した韓

▼**司馬光**(一〇一九〜八六)　字は君実。陜《せん》州夏県(山西省夏県)出身。諱の光は、出生地が父親の司馬池の任地、光州光山県(河南省光県)にちなんで命名。一〇三八年の進士。王安石の新法に反対し、副都の洛陽において、新法反対派の元老とともに「洛陽耆英会《きえいかい》」を結成する一方、『資治通鑑』の完成に精力を注いだ。八五年、神宗の死去に伴い、中央に復帰し、翌年に宰相。新法を廃止して、その成果を示す前に病死。著書には、有名な『資治通鑑』の他に家族道徳の理念や実践を説いた『司馬氏書儀』『温公家範』も有り、朱熹の『文公家礼』などに影響を与えた。

絳《こう》は、宋代でも著名な名族韓億一族（六頁参照）の出身者で、いわゆる大地主の利害を代弁する家柄といってもおかしくない。このように、新旧両党派の構成は複雑で一筋縄ではいかず、党争を階級対立からだけで説明しきれないであろう。そして、近年の宋代政治史の研究成果を踏まえると、第一の問題ともかかわって利害にもとづく階級対立とは、別な角度からの解釈もできそうである。

本書は、こうした二つの疑問を念頭におきながら叙述を進めよう。

▼王安国　王安石の直ぐ下の弟。一〇六八（熙寧元）年、韓絳らの推薦で進士及第を賜わる。西京国子監教授を振り出しに官職を歴任するが、王安石の新法に当初から反対し、神宗から王安石の評判を聞かれたとき、兄は人材の良否を知らず、新法は民衆から絞りたてるだけだと答えている。その後も、王安石に新法反対を言い続け、他方で曾布に対しては兄を誤った方向に導く元凶と批判し、また呂恵卿の邪悪さを言い立て、四七歳の生涯を閉じた。

▼王安礼　王安石・王安国の弟で、一〇六一（嘉祐六）年の進士。王安石とは政治上の意見が必ずしも一致せず、蘇軾が新法を風刺した詩によって処罰されたときも、古くから寛容な君主は、臣下を言論で罪人としないと弁護している。八二（元豊五）年、尚書右丞相、翌年、尚書左丞（いずれも執政）となるが、八四年に江寧府（江蘇省南京市）の知事として地方官に転出した。享年六二。

●王安石の家系略図

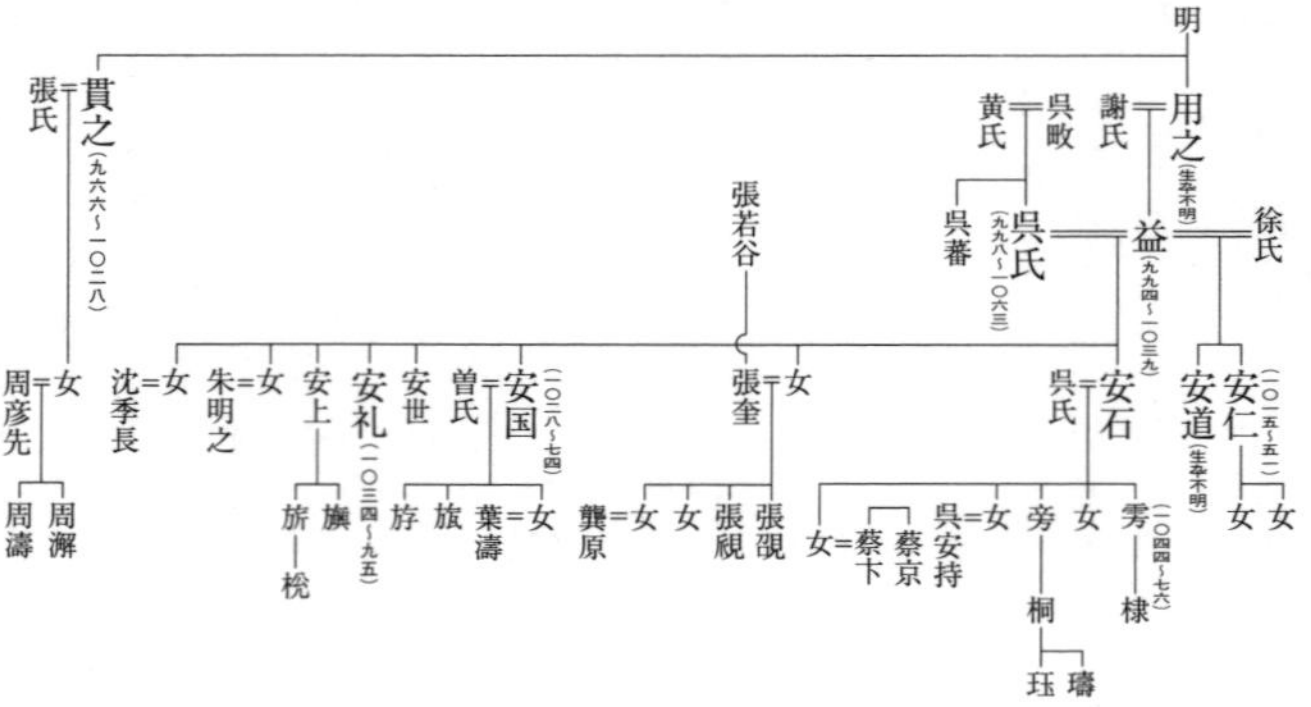

●韓億一族の系図

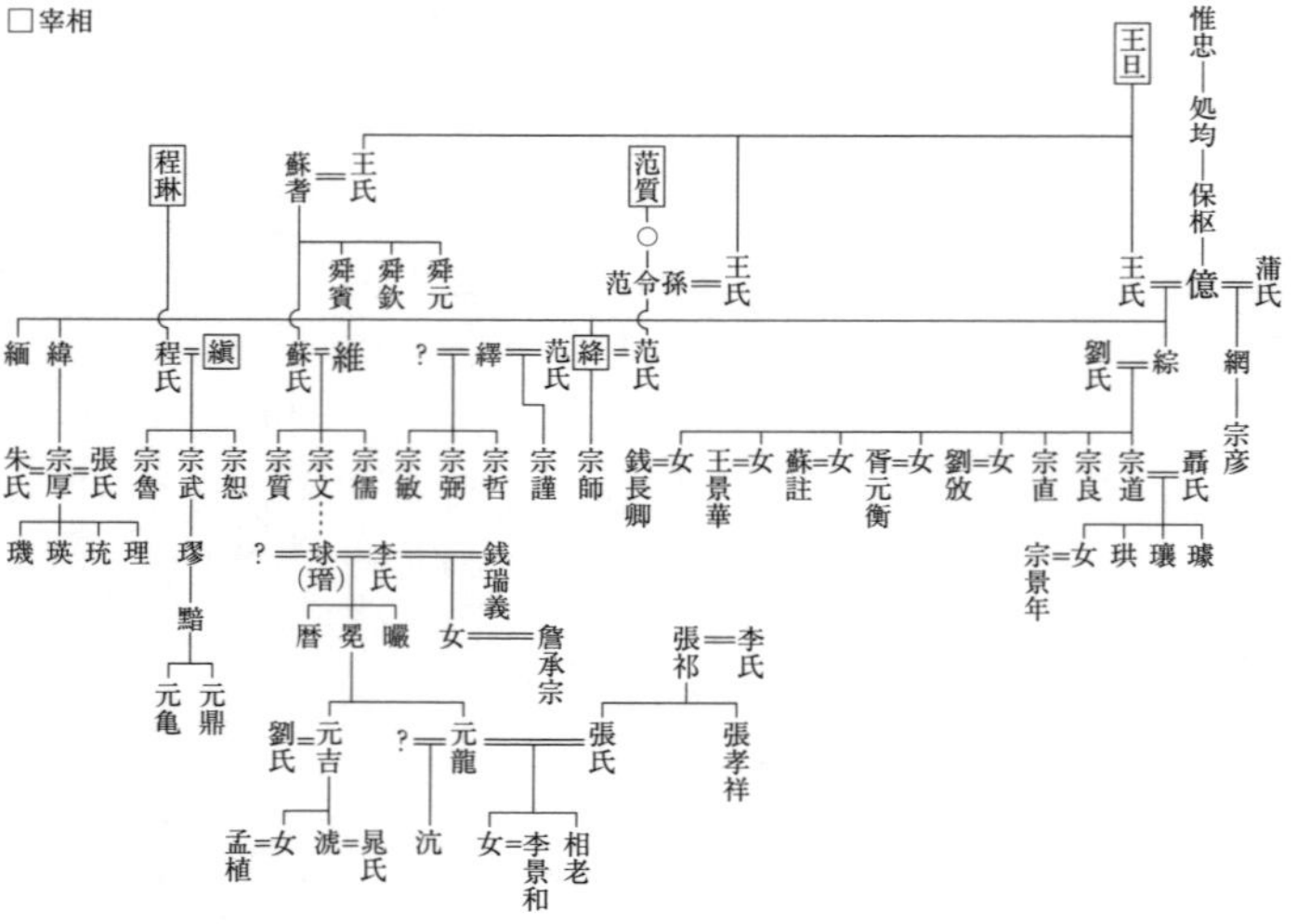

韓億の一族は、祖先が真定府霊寿県（河北省霊寿県）に居住していたことにより、真定の韓氏といわれたり、開封の韓億の邸宅に桐の木があったことに因んで桐樹の韓氏とも呼ばれる。宋代を代表する名族で、ことに韓維・韓絳の兄弟は輝かしい官歴を歩み、一〇九〇（元祐五）年には御史中丞の蘇轍から一族の専断ぶりを告発されている。韓維（一〇一七〜九八）は神宗朝に、翰林学士や開封府の知事、御史中丞を歴任。だが、青苗法に反対を唱えるなど、新法には必ずしも賛成ではなかった。哲宗の時、一時、門下侍郎に起用されたが、政治的対立から地方に転出して致仕。一〇九五年には旧法党の仲間として排斥され、均州（湖北省均県）に安置（行動制限を伴う居住指定）された。九八年、八二歳の生涯を閉じた。韓絳（一〇一二〜八八）は一〇四二（慶暦二）年の進士。神宗が即位すると、韓琦の推薦で枢密副使、ついで七〇年に参知政事、さらに同中書門下平章事（宰相）となり、新法を王安石とともに推進した。王安石が一時、下野したときに一人宰相の地位にあったが、仕事が遅滞し、また呂恵卿と対立して、七五年に王安石が宰相に復活すると、地方に転出した。八七（元祐二）年に致仕、翌年、七七歳の生涯を閉じている。

①—生い立ちと生涯

生い立ちから科挙合格まで

王安石の生い立ちから、新法が開始される直前までの足取りを簡単に追っておこう。ただ、これが意外と簡単ではない。それというのも、普通、王安石のように、宰相にまでのぼり詰めた人物であれば、その死後、身近な親族や知己、あるいは当時を代表する士大夫によって、生涯の事迹を記した行状《ぎょうじょう》が作成され、それをもとに、墓地に立てられる神道碑銘や墓誌銘といったものも、これも著名人の手になる文章に仕立てあげられる。これらの文章は有名人の文集などに残され、当該人物の事迹をたどる基本資料となるのであるが、王安石の場合はいずれも存在していないのである。十九世紀に入って、王安石の悪評をすすぐ目的で公刊された蔡上翔《さいじょうしょう》▲『王荊公年譜考略』は、王安石の事迹を探る有力な手がかりを提供しているが、悪評にかかわる事項の考証に重点がおかれ、そもそも王安石が官僚として、いつどのような官職につき、それにいつまで在任したかについては、あまり注意を向けていない。その他の王安石の年譜、例えば

▼**蔡上翔**（一七一七～一八一〇）　江西省金渓県出身。字は元鳳。一七六一（乾隆二十六）年の進士。科挙及第後、唐宋八大家の文章に沈潜した。この年譜は、七七年、四川省東郷県（四川省宣漢県）の知事を辞めて帰郷する途中に思い立ち、一八〇四（嘉慶九）年、八八歳のときに完成した。享年九四。

清代の顧棟高《ことうこう》▲『王荊公年譜』にも繫年に問題があり、日本人の研究者らの王安石伝に附載する年譜にも事実との齟齬《そご》があって、王安石の事迹をたどることはそう簡単ではない。

王安石は、一〇二一(天禧五)年十一月十二日(太陽暦十二月十八日)辰時(午前七時から午前九時の間)に王益の三男として臨江軍《りんこう》▲(江西省清江《せいこう》県)で生まれた。字は介甫《かいほ》。当時、王益は、判官という役職の下級官吏として当地に赴任していた。郷里は、臨江軍の東隣に位置する撫《ぶ》州の州都の臨川県である。母親は撫州金渓県出身の呉氏であり、彼女は王益の後妻であった。王益と先妻の徐氏との間には、すでに王安仁と王安道という二人の男子が生まれていた。呉氏が嫁いでからは、王益との間に王安石を頭《かしら》に五人の男子と三人の娘が誕生する。呉氏の親戚には、唐宋八大家の一人で撫州の東南に位置する建昌軍南豊県出身の曾《そう》鞏《きょう》▲がおり、王安石と曾鞏とは幼いころからの知り合いで終生の友人であった。曾鞏の異母弟の曾布《そうふ》▲は、後年、王安石の片腕となって新法を推進した。

王氏一族は科挙及第者を多く出しており、臨川でもそれなりの家柄であった。一〇〇〇(咸平三)年には王安石の祖父(王用之)の弟(叔祖)である王貫之、一五

▼**顧棟高**(一六七九～一七五九)　字は震滄《しんそう》。常州府無錫県(江蘇省無錫市)出身。一七二一(康熙六〇)年の進士。経学と史学に傑出し、『大儒粋語』『春秋大事表』などの著作がある。『王荊公年譜』は三五(雍正十三)年の作。この年譜は、そもそも王安石の誕生年を実際よりも二年早い一〇一九(天禧三)年としており、したがって、その後の履歴も二年ずつずれている。

▼**臨江軍**　軍は、もともと軍事上の必要から軍隊が駐屯していた地域を府や州から独立させて、府・州と同格とした行政区画で、したがって管轄する県も府や州と比べて少ない。臨江軍には、治所(府の役所の所在地)が置かれている清江県を含めて三つの県しかない。

▼**曾鞏**(一〇一九～八三)　建昌軍南豊県(江西省南豊県)出身。字は子固。若年から文名があり、欧陽脩に認められる。唐宋八大家の一人。一〇五七(嘉祐二)年の進士。欧陽脩に

(大中祥符八)年には王安石の父親の王益、四六(慶暦六)年に王安石の従兄弟の王沆、四九(皇祐元)年に王安石の長兄の王安仁、六一(嘉祐六)年に王安石の弟(王益の六男)の王安礼、六七(治平四)年に王安石の長男の王雱《ほう》と続き、六八(熙寧元)年に王安石のすぐ下の弟の王安国が進士及第を賜っている。つまり、大叔父から始まって八人の科挙合格者を輩出しているが、その多くは王安石と同じ世代以降である。

さて、父親の王益は二二歳で進士に及第し、全部で七度ほどの地方官めぐりをして、一〇三九(宝元二)年、江寧府(江蘇省南京市)の通判(副知事)のときに四六歳で亡くなった(王安石一九歳)。ところが、家が貧しく郷里の撫州に帰郷できず、江寧に埋葬された。王益について、研究者のなかには、王安石の手になる「先大夫述(亡父を語る)」(『臨川文集』▲巻七一)をおもな根拠として、地方官として特筆すべき業績をあげながら、中央の官職につくことがなかったのは、上役におもねらなかったからだと主張するむきもある。しかし「先大夫述」は、そもそも子供の立場から父親を顕彰すべき性質の文章である点を考慮しなければならない。それに王益の業績がそれほど特筆すべきものであったかどうかは

王安石を紹介して、王安石が文人として世に出る契機を作った。

▼**曾布**(一〇三六～一一〇七)　字は子宣。一〇五七(嘉祐二)年の進士。六九(熙寧二)年に制置三司条例司が設置されると、呂恵卿とともに、青苗・免役・保甲・農田水利などの法案作成に尽力。七四(熙寧七)年、自然災害をめぐって王安石と対立して中央を離れた。哲宗の親政にともない、知枢密院事として兵制を所管。徽宗が即位すると、宰相(右僕射《うぼくや》)となったが、徽宗朝の権臣の蔡京と対立して下野。潤州(江蘇省鎮江市)で七二年の生涯を閉じた。

▼**『臨川文集』**　王安石の詩文を集めた一〇〇巻本の文集。現行本は、南宋期に刊行されたものであり、詩賦は多く載っていても上奏文は少ない。しかも、別人の詩文も混入しており、詩文も必ずしも製作年代順とはなっていない。だが、新法派に属する他の人々の文集が残っていない現状では貴重である。

別にして、また王益の科挙及第の席次が分からないのでなんともいえないが、最後にたどり着いた屯田員外郎(従六品)という位階は、上位の科挙及第者でなく、出世コースを外れた多くの一般官僚の最終到達点である。科挙合格から二〇数年しかたっていない壮年に亡くなった官僚のそれとしては、この官位は取り立てて冷遇された証拠とはいえないだろう。

王安石は父親の死後、父親を埋葬した江寧府に科挙合格までの三年を過ごした。それ以前から科挙受験の勉強はしていたであろうが、この三年間は勉学に一心不乱に励んでいた。彼は読書好きで、一度目にしたものは生涯忘れないという抜群な記憶力であることが、『宋史』王安石伝に見えている。また、この受験勉強時期に范仲淹《はんちゅうえん》・欧陽脩・胡瑗《こえん》・李覯《りこう》ら(一二〜一三頁参照)の、当時の著名人の著作を読んで啓発を受けている。受験勉強のかいがあってか、一〇四二(慶暦二)年三月、王安石は二二歳で科挙に第四位という好成績で合格した。宋代の科挙研究によれば、合格の平均年齢が三〇代半ばとされているので、王安石は早熟の秀才といえよう。

若手中堅の官僚時代

科挙合格後の初任地は揚州(江蘇省揚州市)という都会であり、そこで州知事の幕僚である簽書淮南東路《せんしょわいなんとうろ》節度判官庁公事という官職についた。この幕僚時代、一〇四五(慶暦五)年三月に揚州知事となった韓琦《き》との間に一つの逸話が残されている。韓琦は一〇四三(慶暦三)年九月に始まって、この四五(慶暦五)年初め頃まで続いた慶暦の新政において、枢密副使(防衛副大臣)として改革を支え、のちに王安石の新法が始まると、その改革に反対した人物である。王安石は、科挙に及第後も明け方近くまで勉学に励み、仮眠を取ったあと、日が高くなってからろくに顔も洗わず髪も梳《と》かさずに急いで役所に出るという生活をしていた。そのようすを見た韓琦は、毎夜、遅くまで遊びほうけていると疑い、「君は若いのだから読書を止めてはいけない」と諭したところ、王安石は一言もい い訳をせず、ただ韓琦の目の前を退いたあと、「韓公は私のことを知らない」と不満を述べたという。また、この節度判官時代に、人間の本質はなにかということ(「性命」)を事立てて論議する風潮を批判して、なによりも道徳を重んずべきだと主張する「淮南雑説」と題する文章を書き、その議論は「孟子に匹敵

韓琦一族の系図

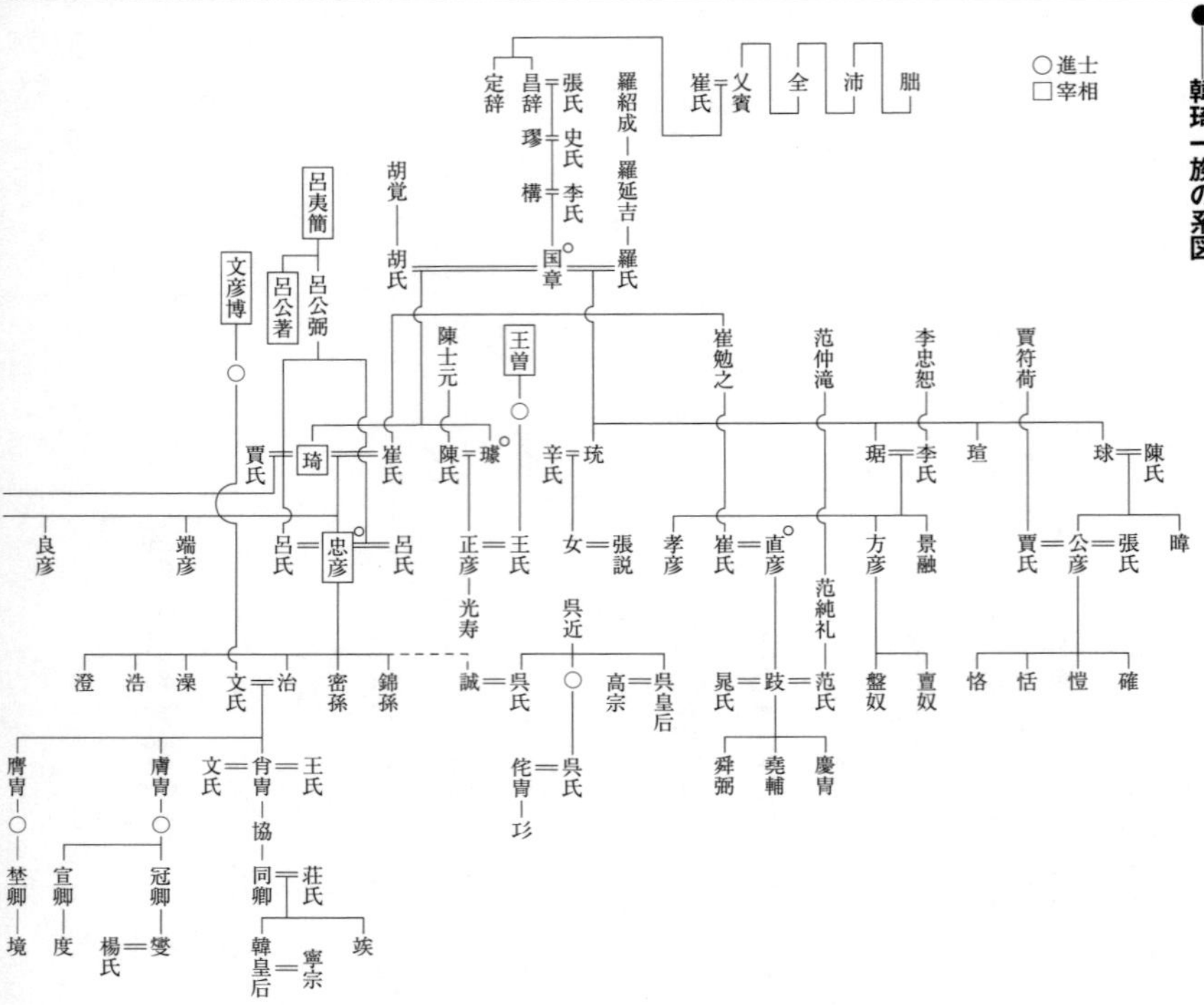

北宋時代の学者

〈范仲淹〉（九八九～一〇五二）字は希文。幼くして父親を亡くし、刻苦勉励して一〇一五（大中祥符八）年に科挙に合格。彼の有名な「先憂後楽（天下の人に先だって天下のことを心配し、天下の人が安楽に暮らすようになった後に楽しむ）」という言辞に端的に示されるように、宋代以後の士人の身の処し方に大きな影響を与えた。晩年の一〇四九（皇祐元）年に郷里の蘇州に一族救済のために創始した范氏義荘は、一族共有財産（族産）の嚆矢として有名で、一九四九年の中華人民共和国の成立直後まで存在していた。諡は文正。

〈欧陽脩〉（一〇〇七～七二）字は永叔。吉州永豊県（江西省永豊県）出身。四歳で父親の欧陽観と死別し、叔父の欧陽曄を頼って随州（湖北省随州市）に寄寓し、母親鄭氏の女手一つで育てられる。一〇三〇（天聖八）年の進士。慶暦の新政に諫官として参加。六一（嘉祐六）年、参知政事（副宰相）。七一（熙寧四）年に致仕。享年六六。唐宋八大家の一人。王安石の文章家としての才能を認め、指導的士大夫たちに積極的に推挙した。『五代史記』（『新五代史』）を私撰し、

『新唐書』編纂にも参加するなど歴史家としての側面ももつ。最近、東英寿が天理大学図書館所蔵の南宋刊本『欧陽文忠公集』(国宝)から、九十六篇の欧陽脩書簡を新たに発見して、中国人研究者にも驚きをもって迎えられた。

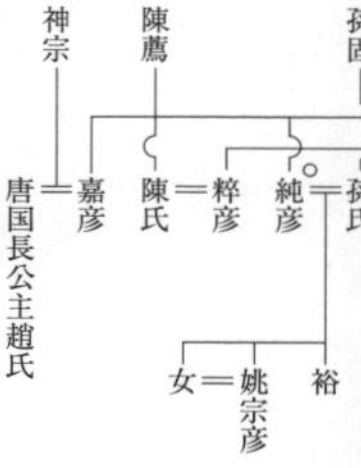

〈胡瑗〉(九九三〜一〇五九) 泰州如皋《じょこう》県(江蘇省如皋県)出身。字は翼之。安定先生と呼ばれ、その教え子から多数の人材を輩出し、そのため慶暦年間に太学が都に設置されると、その教育法が太学に採用され、自身も国子監直講に任命された。

〈李覯〉(一〇〇九〜五九) 建昌軍南城県(江西省南城県)出身。字は泰伯。盱《く》江先生や直講先生と呼ばれた。科挙には合格せず、太学の教師を歴任した。『孟子』を嫌い、儒教の立場から仏教や道教を排斥した。

●**韓琦とその夫人の墓** 韓琦(一〇〇八〜七五)は相州安陽県(河南省安陽市)出身で字は稚圭。一〇二七(天聖五)年の進士。三八(宝元元)年、西夏が建国されると、范仲淹とともに西北辺境の防衛に尽力し、四三(慶暦三)年に始まる慶暦の新政に枢密副使として参画。仁宗末年から神宗初年まで宰相の地位にあって、英宗の擁立や英宗朝の政治安定に貢献し、神宗の擁立にも深く関わった。これらの功績により、六男の韓嘉彦は神宗の唐国長公主を妻に迎え、韓氏一族は帝室の外戚として、南宋に至るまで宋代を代表する名門となった。謚は忠献。

する」と珍重されたという。

一〇四五（慶暦五）年秋、王安石は、揚州の任期が終わって都の開封《かいほう》に赴いた。宋代の制度では、科挙に優秀な成績で合格したものは、一度、地方官を経験して都に帰ると、館職▲と呼ばれる役職の試験を受けられた。館職は宮中の書物や御物を蔵する建物に勤務してその管理や各種史料の編纂を担当し、給与は低くとも将来の立身出世を約束されるエリートコースであった。王安石は、この館職につく試験を辞退し、地方官を希望し、四七年に明州鄞《ぎん》県（浙江省寧波市）の知事となった。この知事時代に堤防を建設し、水利の便宜をはかるとともに、政府の米倉から安い利息で貧しい農民に穀物を貸し与え、収穫時期にそれを償還させた。貧しい農民を救済すると同時に米倉の古い米を新しいものと入れ替えることができる、この施策が後年の青苗法のもととなった。

一〇五〇（皇祐二）年、鄞県知事の任期が終わって都に帰還した。翌年、今度は舒州（安徽省潜山県）の通判（副知事）に任命された。宰相の文彦博《ふんげんはく》▲は、王安石が出世には淡泊で黙々として地方官巡りをしているのを見て、出世競争にしのぎを削っている他の官僚の手本になるといって、特別に館職の試験を受けさせ

▼館職　徳行や知的才能によって皇帝の顧問の役割を果たし、宮中の蔵書や文化財の充実と整備、さらには書物の複写や校訂、各種史料の編纂にもたずさわった。これには、上は昭文館大学士や観文殿大学士から下は史館修撰や館閣校勘などの多くの名称とランクがあったが、この肩書きの所有者は、現任の地位は低くても、将来、官僚として有望なことを示し、官僚はその入手に躍起となった。

▼文彦博（一〇〇六〜九七）　汾州介休県（山西省介休県）出身。字は寛夫。一〇二七（天聖五）年の進士。四七（慶暦七）年三月、枢密副使に任官し、その直後に参知政事に任命され、翌年に宰相となる。神宗の時代に入ると、新法反対派の急先鋒として論陣を張り、八三（元豊六）年に致仕。その前年、洛陽で新法に反対する元老と洛陽耆英会《きえいかい》という親睦団体をつくった。八六（元祐元）年、平章軍国事として中央に復帰するが、九〇（元祐五）年に再び致仕。九七（紹聖四）

年、現在でも長命の九二歳で死去。諡は忠烈。

▼**包拯**（九九九〜一〇六二）　廬州合肥（安徽省合肥市）出身。字は希仁。一〇二七（天聖五）年の進士。五六（嘉祐元）年、開封の知事となり、権門の子弟の犯罪を厳しく摘発し、権門が都を流れる恵民河の上に庭園を築いて、通行の邪魔になっていたのを強制的に撤去させるなどの功績を残し、民衆の喝采を浴びた。悪人には「コネのきかない閻羅《えんら》包公（閻魔さまのような包公）」と呼ばれて恐れられた。後世、清官の代表として裁判を題材とした小説や演劇に登場し、日本には中国の大岡越前守として紹介される。諡は孝粛。

るように皇帝に進言した。しかし、王安石は祖母が老い父親の埋葬が終わっておらず、二人の妹の婚儀も済んでいないという理由をあげて、それを辞退している。その祖母の謝氏は、五三年六月に九〇歳という高齢で亡くなり、王安石の郷里の撫州金渓県に埋葬された。五一年には、長兄の王安仁が死去している（享年三七）。

一〇五四（至和元）年、王安石は三四歳になるが、舒州通判の任期が終わって都に帰還し、軍馬の調達・飼育に関わる群牧判官という役職に転任した。この群牧判官を翌々年の五六（嘉祐元）年まで勤めるが、この役職時代をめぐる逸話が王安石の頑固な性格を物語るものとして伝えられている。このとき、群牧司の長官は包拯《ほうじょう》▲である。王安石の同僚に司馬光がいた。あるとき、群牧司の庭に牡丹が咲いたので、包拯はそれを愛でる酒宴を開いた。司馬光はあまり酒が好きでなかったにもかかわらず、長官の勧めもあって無理に杯を飲み干したが、王安石は酒宴を終えるまで一滴も飲まなかったという。

一〇五七（嘉祐二）年、王安石は再三にわたる中央での任官を断って、常州（江蘇省常州市）の知事として地方に出ている。この常州知事時代、王安石は運河

▼**三司度支判官**　三司は唐代晩期から存在する経済官庁であり、塩と茶の専売・鉱産・武器製造などを管理する塩鉄部、政府の支出・文武官の俸給・土木工事を職掌とする度支部、両税と酒専売を扱う戸部の三つの部署から成り立っている。長官は三司使で、三部を統括し、計相と呼ばれて宰相や執政に次いで重んじられた。度支判官は、三部にそれぞれ置かれた三司副使の次に位置する役職。三司は、一〇八二(元豊五)年の官制改革で廃止され、戸部だけが生き残った。

を開鑿し、この一帯の農業生産を高めている。翌五八年二月、常州知事から提点江東刑獄という江南東路の刑罰を統轄する役職に移動した。同年十月、王安石は三司度支判官《さんしたくしはんがん》▲の命令を受けて都にのぼり、その際に有名な「万言書《ばんげんのしょ》」(『臨川文集』巻三九には「上仁宗皇帝言事書」と題して載る)を仁宗(在位一〇二二〜六三)に上呈した。これは、『宋史』の王安石伝にも、後の王安石の新法の雛形を提供したと特筆されている。

「万言書」は、一万字に少し足りない長大な文章であり、その主旨は『宋史』の王安石伝に簡略に紹介されている。それによると、現今の大きな問題は天下の財力が枯渇し、「風俗(世の中の習慣や気風)」が日々崩壊しかけていることであり、その原因は「先王」の政治の意図にのっとった政治をおこなっていないことによると述べる。具体的な解決法としては、まず財政不足には、天下全体の財力をうまく活用して、必要な財力を生み出すようにすればよく(「理財」)、次に官僚の気風(「風俗」)を改善し、人材不足を補うためには、現在、官僚となっている人物からだけでなく、「閭巷《りょこう》・草野」つまり在野のなかからも登用すればよいと提言している。そして、こうした変革はなによりも仁宗が平穏無事な現状や惰性に満足せず、当世に適した方法を採用して順次に実行してこそ達成できると述べて、仁宗に奮起と改革の決断とを迫っている。

一〇六〇(嘉祐五)年十一月、度支判官の王安石に、同修起居注に任命する辞令が発せられた。これは、皇帝の言動を記録する役職で、同じような辞令を受けた司馬光は五度辞退して結局は受領したが、王安石は頑として受けつけなかった。政府では閤門吏《こうもんり》(宮中の儀礼や辞令の伝達などを司る官吏)に付託して、彼の後についていって受領させようとしたけれども、王安石はトイレに駆け込んで隠れてしまった。閤門吏が仕方なくトイレにあるテーブルに辞令をおいて去ると、それを追いかけて辞令を突き返すという有様であった。その後、何度かの辞退の果てに、ついに王安石はこの役職を受けた。王安石の意固地な態度を示す逸話の一つである。

一〇六一(嘉祐六)年、王安石は四一歳になった。この年の三月、王安石の弟の王安礼(王益の六男)が科挙に合格しており、六月、王安石は宰相経由で詔勅の草案を作成する知制誥《ちせいこう》▲という役職に就いた。同月に司馬光は諫諍《かんそう》を司る知諫《ちかん》院《いん》に任命されている。この知制誥時代にも、王安石の頑固さと自分の信念に忠

▼知制誥　詔勅や赦書の起草を職掌とする。翰林学士が皇帝の直接の命令によって起草し内制と呼ばれるのに対して、宰相の命令の下に起草するので外制と称する。内外制を合わせて両制というが、知制誥は正七品の員外郎クラスが多く任命される一方、翰林学士は内相とも呼ばれるように、副宰相や宰相を目前にした高い官位をもつ人材が任命され、その格には大きな相違がある。

実な逸話が伝えられている。都で一人の少年が鶉《うずら》同士を戦わせるために鶉を飼っていた。あるとき友人の一人が友達の誼《よしみ》でそれを貸して欲しいと頼んでも拒否されたので、鶉を密かに持ち出した。それに気づいた少年は友人を追いかけて争いになって、その胸のあたりを殴りつけたところ、その友人は運悪く死んでしまい、少年は殺人罪で逮捕された。その少年の処罰を巡って朝廷で議論になったとき、王安石は「律の規定ではおおぴっらに盗んでも密かに盗み出しても、いずれも盗罪となる。殺された人は、許可を受けずに勝手にもち去ったのだから盗罪であり、少年は追いかけて行って結果として殺人を犯してしまったが、これは盗賊を捕まえたときの不可抗力に過ぎず、殺人罪は適用すべきでない」と主張した。結局は、開封府の役所が裁定したように問題の少年は殺人罪を適用され、王安石の主張どおりにいかなかったのだが、王安石はその主張によって特別に咎められることもなかった。先例では、こうした処断と異なった主張をした場合、朝廷に謝罪を言上するのだが、王安石は「自分に罪はない」といい張って、謝罪を断固として拒否した。

一〇六三（嘉祐八）年三月、四〇年余にわたって皇帝に在位していた仁宗が五

▼**英宗**(在位一〇六三～六七)　仁宗の従兄弟・濮王允譲《ぼくおういんじょう》の第十三子として、一〇三二年に誕生。一〇六二年に仁宗の後継者となり、三二歳で即位。享年三六。

四歳で崩御し、従兄弟の子供の趙曙《しょ》が帝位についた。死後、英宗▲と呼ばれる人物であるが、この年の八月、王安石は母親の呉氏を都の官舎で亡くした(享年六六)。十月に呉氏は、夫の王益の眠る江寧府蔣山の墓地に埋葬された。王安石は母親の死去にともない、慣例に従って服喪のために官職を辞任し、江寧府に帰還し、喪が明けた六五(治平二)年七月以後も病気を理由に江寧府にとどまり続けた。結局、英宗治世下に、彼は朝廷に出仕することなく、江寧府に滞在していたのである。このことは、その後の政治生活の強みであるとともに弱点ともなった。

新法施行時代

一〇六七(治平四)年正月、英宗は三六歳の若さで病没し、そののちに英宗の長男で二〇歳になったばかりの神宗が皇帝に即位した。この年、三月、王安石の長男の王雱《ほう》が二四歳で科挙に及第。ところで、神宗がまだ皇子であったとき、その師傅であった韓維は、王安石の人物と学問とを神宗に推薦していた。そこで、神宗は帝位に即くと王安石を登用しようと考え、まず閏三月に江寧府の知事として公務に復帰させた。そして九月に翰林学士に任命し都に呼び寄せた。王安石は四七歳になっていた。こえて六八(熙寧元)年の四月、王安石は神宗に始めて謁見した。その席で神宗は治世にとってなにが一番に大事な事柄かを質問した。王安石は、いったん退朝してから、現在の政治・社会認識を「本朝百年無事劄子《さっし》」と題する文章にまとめ上げて上奏したが、それは開国以来、百年以上もたって無事に過ごせているのは僥倖《ぎょうこう》に過ぎないという主張内容であった。この神宗と王安石のやり取りの内容は、王安石の改革方針とかかわるので、のちに再び触れることにする(四二頁参照)。

一〇六九(熙寧二)年二月、王安石は右諫議大夫《うかんぎたいふ》(正四品)・参知政事《さんちせいじ》(副宰相)に任命された。参知政事になると、まもなく彼は改革の方針と内容を策定するための皇帝直属の臨時の役所である制置三司条例司の設置を上申して認められた。その長官には、王安石とともに知枢密院事▲(防衛大臣)の陳升之《ちんしょうし》が任命された。この役所は中書と機能が重複しているという度重なる批判もあって、七〇年五月に廃止された。だが、一年余の存続期間に、均輸・青苗・農田水利などの重要な改革法案が立案され、その法案を策定する作業は呂恵卿《りょけいけい》・曾布《そうふ》・蘇轍《てつ》▲・程

▼**知枢密院事**　枢密院は唐代から存在し、その長官に宦官が多く充てられた。五代になって、皇帝の顧問や謀議にかかわるようになり、士人が任命されるようになった。宋代に入ると、上級武官の人事を中心とした軍事の最高機関となり、その長官の枢密使は国政の枢軸を担った。知枢密院事は、枢密使よりも少し履歴の浅い官僚が任命された。

▼**蘇轍**(一〇三九〜一一一二)　眉州眉山県(四川省眉山県)出身。字は子由あるいは同叔。一〇五七(嘉祐二)年の進士。蘇洵の子供、蘇軾の弟。新法の策定に尽力するが、青苗法に反対して以後、新法派から離れる。哲宗朝に中央に復帰して、一〇九一(元祐六)年には尚書右丞(執政)、翌年には門下侍郎(宰相)となった。唐宋八大家の一人。

▼**程顥**(一〇三二〜八五)　洛陽出身。一〇五七(嘉祐二)年の進士。新法の策定に協力するが、間もなく王安石と対立して反新法派の立場に立

ち、七〇年には、簽書《せんしょ》鎮寧軍節度判官(河北省濮陽県)として中央を離れた。弟の程頤とともに、二程と呼ばれ、南宋時代になって朱熹によって大成される宋学に大きな影響を与えた。

▼司農寺　北宋前半期は、藉田《せきでん》(天子が祖先に供える穀物を作るために自ら耕す田)の管理・祭祀に必需品の調達と管理・常平倉の管理などを扱っていたが、一〇七二~八二年の間に、職掌が拡大され新法遂行の重要な財務機関となっていった。八二年の官制改革によって、多くの機能を戸部右曹に移管し、一部の事務などを取り扱うだけになった。

▼曾公亮(九九九~一〇七八)　泉州晋江県(福建省泉州市)出身。字は明仲。一〇二四(天聖二)年の進士。一〇六一(嘉祐六)年に宰相となり、英宗の擁立に尽力。神宗朝になって王安石の参知政事就任を助けたが、次第に新法に疑問を抱き、七〇(熙寧三)年に宰相を辞任。

顥《こう》▲といった若手の官僚が担った。制置三司条例司の廃止後は司農寺《しのうじ》▲が募役・保甲などの重要な改革法案を策定した。こうして、一〇六九(熙寧二)年七月に政府に必要な物資の円滑な調達と物価の安定をめざした均輸法が発布されて、王安石の新法は具体的に開始された。

ところで、上記の全ての若手官僚は、一〇五七(嘉祐二)年、欧陽脩が権知貢《けんちこう》挙《きょ》(省試と呼ばれる中央の試験の責任者)のとき科挙に合格した人たちであった。欧陽脩は、新法反対の急先鋒の一人であり、ここに政治世界の世代交代が明瞭にうかがえる。新法の内容とそのねらいなどは後述するので、ここでは、その後の王安石の履歴を簡単にたどっておこう。

一〇七〇(熙寧三)年、保甲法が公布された十二月に王安石は韓絳とともに同中書門下平章事、つまり宰相に任命された。この人事は、新法反対の曾公亮《そうこうりょう》▲が九月に宰相を辞任したことにともなう後任人事であった。王安石は、五〇歳になっていた。このときから、七四年四月に宰相を辞任して江寧に帰るまでの期間、新法改革は比較的順調に進んだ。

改革は進展したが、その間に新法反対派の不満が鬱積していった。不満は批判を呼び起こし、とりわけ政治の欠陥や不備を諫言する役目の諫院《かんいん》▲や御史台《ぎょしだい》▲(あわせて「台諫」と称する)からは、新法の施行当初から厳しい意見が寄せられていた。それらの文章を王安石は怒りのあまり震える手でみつめることもあり、批判に対しては力で対抗した。一〇七〇(熙寧三)年末頃までには、神宗の後押しもえて、新法に批判的な台諫の官僚を自派に都合のよい官僚におきかえっていった。台諫の人事も完全に中書のもとにおき、権限も縮小する措置をとった。もっとも、神宗は、軍事行政をあつかう枢密院の上層部には、治政をつうじて文彦博や馮京《ふうけい》▲を初めとする新法反対派や、安燾《あんとう》らの中立派を任命しつづけた。新法派の独走を抑え、権力の均衡を保つ政策を採用した結果である。

　王安石は、神宗の信任をえて官僚を沈黙させたが、彼の手が届かない宮廷内の皇太后・皇妃やそれらの親戚、さらには宦官といった勢力の不満を抑えられず、これが次第に彼を追いつめていった。とくに神宗の母親の宣仁太后高氏▲は、従来の制度を勝手に変える新法に当初から不満であった。一〇七四(熙寧七)年四月、神宗が宣仁太后の住まいを訪れたとき、太后は、青苗法と募役法が民衆の生活を苦しめていると涙ながら訴え、市易法や免行法に対する強い不満も口

▼諫院　すでに太宗の時期に諫諍を司る役所として登場してくるが、一〇三二(明道元)年になって諫諍を専門に扱う役所として常置される。一次廃止されたが、一一二九(建炎三)年になって、再び諫院が独立した機関となった。

▼御史台　御史台という名称は後漢時代に始まるが、非違を検察する仕事としての御史は秦以来存在する。真宗時代、一〇一七(天禧元)年に御史は、検察の他に諫諍も職掌として備わり、この言事御史が宋代の御史台の特色となった。

▼馮京(一〇二一～九四)　鄂州江夏県(湖北省武漢市)出身。字は当世。富弼の娘婿。一〇四九(皇祐元)年の進士。状元及第の結果、将作監丞(正八品)という高い官位で、江陵府(湖北省沙市市)の通判(副知事)に赴任して官僚生活を開始した。神宗朝には御史中丞や参知政事を歴任したが、王安石と対立して地方官として下野。諡号は、文簡。一九八一年、河南省密県で馮京夫婦の墓地が発見された。

にしている(これらの新法の内容は、次章に触れる)。

運悪く、都に近い場所で前年の秋から雨が一滴も降らずに干魃《かんばつ》が続き、それにともなって蝗害《こうがい》が発生していた。伝統的な中国社会では、自然災害は失政に対する天の警告とみなされている。そのため、王安石が口を極めて、堯や舜のような聖天子の時代でも自然災害は何度も発生し、今度の災害も天の警告ではなく単なる自然現象だと説明しても、神宗は新法に疑いをいだき、不安と心配とを募らせるばかりであった。神宗の不安心理に拍車がかけられた。王安石に若いときに師事した鄭侠という人物が、都の城門から実際に目にした悲惨な状況を文章にし、その文章に「流民図」をそえて上呈した。「流民図」には、災害によって郷里を離れ、襤褸《ぼろ》をまとって砂塵が舞う道をさまよい歩く民衆の姿が描かれていた。神宗はこの迫真の絵図を見て何度も溜息をつき、それを見た夜は寝られなかった。その翌日、反対派の意見を取り入れて、方田均税法▲や保甲法などの一部の新法をいったんは停止するという処置をとった。状況は王安石に不利に作用し、宰相を辞任せざるをえなくなった。彼にかわって、新法推進の責任は、参知政事に昇格した呂恵卿と宰相の韓絳が担った。彼らは、王安

▼宣仁太后高氏(一〇三二〜九三)　亳《はく》州蒙城県(安徽省亳県)出身。曾祖以来、軍功のあった家柄で、英宗の皇后となり、神宗を含めて三人の皇子と一人の公主を生んでいる。新法には批判的で、神宗の死去後の垂簾聴政時代には司馬光を初めとした旧法党を登用し、「女中の堯舜」と呼ばれて、その英明が称えられた。

▼方田均税法　農民の税負担を公平にするための土地測量は仁宗時代にも一部の地域に施行されたが、長続きしなかった。一〇七二(熙寧五)年八月、千歩四方(一歩は約一・五五五メートル)を一単位として京東路から測量を開始し、八四(元豊八)年までに北方の五路に実施された。地税だけでなく屋税の公平を図り、税目の整理も行われた。旧法党の時代には廃止され、新法党が復活すると再び実施されるという曲折を経たが、やがて形成戸を抑える所期の目的が達成されないだけでなく弊害も目立ったため、一一二〇(宣和二)年に廃止された。

石の方針を忠実に守ったので、当時、韓絳は「伝法沙門（仏法に忠実な僧侶）」、呂恵卿は「護法善神（仏法を護持する守護神）」と呼ばれた。この一〇七四年八月、すぐ下の弟で、新法に一貫して反対していた王安国が病死した（享年、四七）。

都を離れて江寧に帰った王安石は、息子の王雱と協力して、一〇七三（熙寧六）年三月から公式に始まっていた『周礼《しゅらい》』『尚書』『詩経』に対する独自の注釈の集成を完成させることに精力を集中した。この「三経新義《さんけいしんぎ》」は七五年六月に完成し、神宗の認可を受けたあと、経典の標準解釈として、宗室・太学▲・諸州府学に頒布され、北宋末まで科挙受験者に圧倒的な影響を与えつづけた。

ところが、呂恵卿は実権を掌握すると、つぎつぎに自分に楯つく都合の悪い人物の罪を捏造して中央から追放した。終始、王安石に忠実で新法推進を担ってきた曾布さえも、新法を阻害しているとして地方官に追いやられた。宰相の韓絳も蚊帳の外におかれ、彼に相談をせずに物事が進められるようになった。呂恵卿のこの専権時代に実施されたのが手実《しゅじつ》法である。これは農民に対して税役賦課のもとになる財産と成人男性数を自己申告させるもので、申告の内容に問題があれば他人の告訴を認め、告訴の内容が真実であれば申告者の資産から

▼太学　太学は、前漢の武帝が創始した最高学府。その後、歴代の王朝によって設置され、宋代に入ると、仁宗の一〇四四（慶暦四）年四月に設置され、八品以下の官僚の子弟や平民の優秀者が学んだ。一一〇二（崇寧元）年に三舎法が科挙に代わると、太学の外舎・内舎を経て上舎を優秀な成績で終えると、直接に官僚となることができた。北宋の滅亡とともに太学は一時廃止されたが、四三（紹興一三）年に復活した。官制上は国子監の監督下に置かれる。

一定の報酬を与えた。施行は一〇七四(熙寧七)年七月であるが、密告を奨励するやり方に批判が高まり、王安石が宰相に復帰した後の七五年十月に廃止された。

韓絳は、次第に呂恵卿を制御できないと感じ始め、神宗に王安石の再登用を求めた。呂恵卿は、それに不安をいだいて王安石兄弟の失点をもち出して中央復帰を阻止しようとしたが、一〇七五(熙寧八)二月、王安石は宰相に戻った。しかし、第二期の宰相時代は長くつづかなかった。朝廷内外の批判を抑えることができず、神宗の信頼も以前ほどでなくなった。そして七六年七月に、長男の王雱が三三歳で病死すると、気持ちに張りがなくなり、自分の病気もあって十月には宰相の地位を去って江寧に帰還した。これ以後、王安石は中央に復帰することなく実質的な隠退生活に入った。

晩年の暮らし

王安石にかわって、その後、蔡確《さいかく》▲が参知政事さらには宰相に選任されて国政を担ったが、新法それ自体は、神宗が主導するようになった。一〇七八年正月、元豊と改元された。元豊年間、一〇八〇年から八二年にかけておこなわれた官

▼**蔡確**(一〇三七～一〇九三)　泉州晋江県(福建省泉州市)出身。字は持正。一〇五九(嘉祐四)年の進士。新法が開始されると、新法派の知遇を受け、監察御史裏行(御史中丞の三ランク下が監察御史、裏行は見習いの意味)となり、八二(元豊五年)に宰相となる。しかし、神宗が亡くなって哲宗が即位すると、御史から弾劾されて地方官に左遷され、さらに宣仁太后を誹謗したとして、新州(広東省新興県)に居住させられ、そこで病死した。享年五七。

制改革が特筆される。元豊の官制改革以前の官制は、複雑な様相を呈していた。唐代中期以降、『(大)唐六典《とうりくてん》』▲に記載されている律令制度下の三省六部《さんしょうりくぶ》制は、節度使を典型とする令外《りょうげ》の官ともいうべき使職の出現によって形骸化し実態を失っていった。ただ、その官職名は、位階と俸禄を示す指標として宋朝に受け継がれて寄禄官と呼ばれ、実際におこなっている職務(差遣)とは一致しなかった。王安石が一〇六九(熙寧二)年についた右諫議大夫という官職も寄禄官である。しかも、やはり唐代から受け継がれ発展してきた翰林学士などの、皇帝の知的サロンのブレーンであることを示す館職という肩書きも存在していて、一人の官僚の保持する肩書きが複雑になっていた。元豊の官制改革は、おもに寄禄官となっていた『六典』の官職を実職に戻し(つまり職事官とし)、そのかわりに唐代に品階を表していた散官を寄禄官とする大改革であった。

この時期、もう一つ特筆すべき事柄は、熙寧年間から開始されていた西夏▲に対する軍事行動を本格化させたことであろう。一〇六八(熙寧元)年に西夏皇帝が代替わりしたことを好機と捉えて、当時、西夏との国境地帯を調査していた王韶《おうしょう》の献策に従って、七一年には彼を責任者として、西夏側の少数民族を帰順

▼『唐六典』　七二二(開元一〇)年、玄宗の命令で編纂が始まり、七三八年に完成した。当時存在している官職を規準にして、その職掌に関する律令格式その他の規定を分類編纂した三〇巻の書物で、唐代の官制を知る基本的史料の一つ。

▼西夏　一〇三八年、チベット系タングート族の李元昊が興慶府(寧夏回族自治区銀川市)を都として建国。隆盛期には、現在の寧夏回族自治区、陝西省北部、甘粛省西北部、青海省東北部、内蒙古自治区西南部など二二州を統括する領土をもった。また、西夏文字を作り固有の風俗を保存するなどして、一〇帝、一九〇年余の命脈を保ったが、一二二七年、チンギス・ハーンによって滅ぼされた。

させた。さらには七二年から七三(熙寧六)年にかけても軍事作戦を展開して西夏との国境地域を獲得し、七二年十月には、それらの新領土をもとに熙河路《きがろ》が新しく設置された。こうした積極策を神宗は元豊年間に入っても採用したが、しかし一〇八二(元豊五)年九月、大挙して進攻してきた西夏軍に永楽城(陝西省米脂県西北)が陥落し、数百人の将校と二〇万余の士卒・役夫が戦死し、かつて西夏から奪った城塞も大部分が敵側の手に落ちた。この知らせを聞いた神宗は食事も喉を通らないほどの衝撃を受け、その精神的衝撃が健康を損ね、八五年三月五日(太陽暦、四月一日)に三八歳の若さで亡くなった。

一方、江寧に帰った王安石は、父母の眠る蒋山(鍾山)と江寧府城の中間点にちなんで半山と名付けた場所に住まいを定めた。半山の近くには東晋の謝安▲の故宅と伝えられる丘があって、王安石が散策の途中の休憩所にしていた。散策には多く驢馬を使い、村夫子然とした姿であったので、すれ違ったのが王安石だと気づかない人もいたという。蒋山には定林寺という寺院があって、そこには王安石の読書する部屋が設けてあり、そこで読書したり来客と会ったりした。このような気ままな隠居生活をしながら、一〇八二(元豊五)年には、文字の意

北宋と西夏

▼**謝安**(三二〇〜三八五)　東晋時代に活躍。豫州陽夏(河南省太康県)出身。字は安石。若い頃から見識が高い評価を受けていたが、官職に就こうとしなかった。四〇歳を過ぎてから、当時、実力者であった桓温の要請に応じて出仕し、中央の高官を歴任する。三八二年、前秦の苻堅が大軍を率いて南下して建康(江蘇省南京市)に迫ったとき、将帥を指揮して大敗させた(淝水の戦い)。行書の名手。享年六六。諡は文靖。

味に新しい解釈を加えた『字説』を完成させて朝廷に上呈している。また、以前から関心を寄せていた禅に深く関わるようになり、禅僧との密接な交流の他に、四つの仏典『金剛経』『維摩経《ゆいまきょう》』『首楞厳経《しゅりょうごんきょう》』『華厳経《けごんきょう》』の注釈を完成させた。とりわけ、王安石は『首楞厳経』を好んだという。仏教に対する強い関心もあってか、七六(熙寧九)年には、父母と息子の王雱に功徳を積むために蔣山の太平興国寺に土地を寄進し、一〇八四(元豊七)年には半山の住居と庭を禅寺として寄付をし、それを報寧院と名づけた。その後は、江寧府城内の秦淮河の畔《ほとり》の小さな借家に移り住んだ。神宗が亡くなった翌年、元祐元年と改元されると、病床に伏せるようになった。その病床で新たに実権を掌握した司馬光が新法をつぎつぎに廃止してゆくのを耳にし、ことに募役法の廃止を聞いたときは、「これも止めるのか」と呟いて声を失うほど落胆し、その四月六日(太陽暦、五月二十一日)に王安石は六六年の生涯を閉じた。司馬光もこの年の九月に亡くなっている。司馬光も宰相に就任したときには、病状が悪化していた。迫り来る死を自覚して、これまでの政治運営に慎重な態度をかなぐり捨てて一途に新法廃止に突き進んでいったのであった。享年は六八。

②—新法諸政策と新法改革の目的

新法諸政策

新法と呼ばれる改革は、一〇七六(熙寧九)年十月に王安石が宰相を辞任して江寧で隠退生活に入る前後で、大きく二つの時期に区分できる。前半は、王安石主導の下に改革が推進された。とくに、参知政事となった六九(熙寧二)年二月から第一次宰相辞任の七四年(熙寧七)四月までの数年間は、改革が比較的順調に進んだ。この時期は、神宗の強い後ろ盾を背景として、王安石と若手官僚が一致協力して改革を強力に推進させたからである。しかし、やがて市易法を初めとした改革に対して皇族からも強い不満がわき起こり、それに追い打ちをかけるかのように、干魃と飢饉が続いて、王安石の政治体制に危機が訪れて新法派が分裂し、王安石は宰相辞任に追い込まれた。王安石が七五年二月に宰相に復帰しても、改革は以前ほどの勢いを失っていった。後半は、七六年十月の王安石の中央政界引退から八五(元豊八)年三月に神宗が亡くなるまでの期間であり、この時期、神宗が改革の中心となり、以前からの改革を推し進めたが、

▼**薛向**(一〇一六〜八一)　河中府万泉県(山西省万栄県)出身。字は師正。祖父の薛顔の恩蔭によって任官。地方官を歴任しながら財務関係の経験を積み、仁宗朝末年から英宗朝初年にかけて陝西転運副使・陝西転運使として遼や西夏に対する軍糧調達や塩価問題に実績を上げた。これが神宗や王安石の目に留まり、均輸法の施行に伴って江南六路を管轄する発運使に任命された。その後、一〇七八(元豊元)年に知枢密院事となったが、養馬法をめぐって御史の舒亶《じょたん》に大臣の体をなしていないと弾劾されて中央を離れ、地方官在任中に六六年の生涯を閉じた。謚は恭敏。

改革のなかで大地主・大商人を抑制する政策などは大幅に縮小し、単純に国庫収入の増加だけをはかる施策がめだつようになった。そして、二度にわたる対西夏戦争も、結局は失敗に終わり、前線に近い民衆にさまざまな苦しみを与え、そのことが新法反対派を勢いづかせた。以下、新法のおもなものを施行経過の順に従って紹介しよう。

〈均輸法〉　王安石の新法は、既述したように、一〇六九(熙寧二)年七月(一七日)、均輸法の施行によって具体的に開始される。これは政府に必要な物資の円滑な調達によって、政府に物資を輸送するときの民衆の負担を均一化し、同時に物資を余剰なところから不足するところに運搬して、その結果、自然と物価を調節するようにしたものである。この均輸法は、後述の農田水利法とともに、法案の中身を呂恵卿が中心となって策定した。均輸法の施行に先だって、同年六月には東南中国と都を結ぶ漕運を管理する発運司の長官(発運使)に薛向《せっきょう》▲が任命された。彼は江南東西路・両浙《りょうせつ》路・荊湖《けいこ》南北路・淮南《わいなん》路の六路の発運使を兼任し、漕運の他に茶・塩・酒・明礬《みょうばん》の専売や商税・造船などを統轄する広範な権限を与えられた。事業を展開するのために必要な資本は、天子直属の、いわば皇帝や皇帝一族の金庫ともいうべき内蔵庫▲から五〇〇〇万貫と、この地域から中央に送られる上供米の中から三〇〇万石を控除してあてられた。

〈青苗法〉 同じ一〇六九年の九月(四日)、青苗法(常平収斂法、常平法)が施行された。これは、常平倉の穀物を原資として、半年で二割の利子をとって農民に貸し与えるものであり▲、最初、都に近い京東《けいとう》路・淮南路・河北路に試行して、その施行状況を見ながら全国に及ぼしていった。常平倉は、西晋時代から歴代の王朝が飢饉にさいして農民救済を目的に設置していた。宋朝も建国当初から州や県の城内には広恵倉を、郊外には常平倉を設置していたが、十一世紀半ばまでに、兵糧不足の補填に流用されたり、ずさんな管理で貯蔵穀物が腐敗して使い物にならなくなったりして、いずれにせよ有名無実化していた。このため青苗法は、常平倉の穀物を農民に貸し与え、それを収穫時に現物や金銭で返還させることによって、貯蔵穀物の新陳代謝にも役立った。この青苗法は、王安石が鄞《ぎん》県知事時代に施行したものを雛形にし、さらに李参が仁宗の六二(嘉祐七)年以前に陝西《せんせい》で施行していた青苗銭の例に依拠して、呂恵卿が草案を策定し、蘇轍らが審査してできあがったものである。後述するように新法のなかで

▼内蔵庫　建国以来、三司の管理する一般会計の左蔵庫とは別に、皇帝が直接に支配する封椿庫《ほうとうこ》が設けられて、それが太宗の九七八(太平興国三)年になって内蔵庫と改称された。内蔵庫は、五代の後晋時代に遼に割譲された燕雲十六州を取り戻すための軍事費を貯蔵する目的で設置されたが、実際には郊祀・自然災害、臣下に対する賞賜や三司の不足分の補填などに使用された。

▼青苗銭　青苗銭の貸借には、連帯保証人が必要であり、また戸等によって借りられる限度額が決まっていた。その利率は、普通は半年で二割(史料には二分とあるが、分は割のことである)で最高額は三割であった。なお、郷村に住む農民は少しでも土地を所有していれば、土地所有の多寡にしたがって一等戸から五等戸まで区分される。土地のない農民は客戸とされる。

も批判が多く、反対派から槍玉にあげられる。

〈農田水利法〉　同年十一月(一三日)には、荒れはてた土地の開墾と農地に必要な水を確保するための、河川の浚渫《しゅんせつ》や堤防の修築などを目的とした農田水利法(農田利害条約)が施行された。この農業基盤整備の事業は、慶暦の新政でも提唱されており、王安石の新法になって新たに提唱されたものではないが、慶暦の新政のときは実行が充分にともなっていなかった。それに比べると、新法では黄河下流や開封に注ぎ込む汴《べん》水・蔡河など、多くの河川の浚渫が積極的におこなわれた。これによって洪水の危険性を減少させるとともに、水資源の確保と浚渫汚泥による土地改良がおこなわれた。それと同時に開墾も都の近辺の路を中心として進められ、こうした施策の総合的な結果として多くの耕作地が出現した。

〈保甲法〉　一〇七〇(熙寧三)年五月には、新法政策を推進してきた制置三司条例司が廃止されて中書に吸収されたが、政策立案の機能は司農寺に移管され、そこで募役法・保甲法などの重要な施策が策定された。その長官(判司農寺)には呂恵卿が任命されている。十二月初旬には、都の近辺で地域社会の治安維持を目的とする自警組織の保甲法が公布され、翌年以降、順次に全国に及ぼされていった。これは、一〇家を一保、五保(五〇家)を一大保、一〇大保(五〇〇家)を一都保とし、保に保長、大保に大保長、都保に都保正と副都保正がそれぞれおかれた(一〇七三年、それぞれの組織単位は半分となった)。保甲に組み込まれた家は、主戸と客戸とを問わず、二人以上の成人男性(丁)がいれば、輪番で地域の秩序維持のための訓練や夜間の巡回警備にあたらなければならなかった。保甲制は、また犯罪防止の連帯責任組織でもあり、犯罪者の告発や逮捕の義務を負い、犯罪者の隠匿には連坐制を適用された。また、国境地域の保甲組織は、武芸の訓練を施されて正規軍を補完する役割をもたされた。その後、保甲制は、徴税単位としての機能も加わり、幾多の変遷を経ながら清末まで王朝の治安維持と徴税の末端組織として活用された。

〈募役法〉 一〇七一(熙寧四)年十月、それまで民衆に対して政府に必要な労働力を割りあてていた差役法にかわって、賃金を払って政府に必要な労役を募集する募役法(免役法、雇役法)が全国に施行された。これは、六九年十二月に、まず開封府内の諸州県に試験的に実施されていた。募役法は、人を雇うために必要な費用を捻出しようとして、主戸からは戸などに応じて金銭(免役銭)を徴収するとともに、従来、差役を免除されていた官戸や坊郭戸▲・女戸・寺観(仏教寺院と道教の道観)などからも助役銭という金銭を徴収した。また、滞納や緊急事態に必要な金銭の不足、さらには自然災害の備えとして二分を割りましする免役寛剰銭も徴収した。免役寛剰銭は、後に胥吏▲の給与支払いなど、別の目的にも使用されるようになった。つけ加えると、募役法など各種の新法改革において、各地の民衆の負担を軽減し均一化するために、熙寧・元豊年間には小さな州県の統廃合がなされた。

〈市易法ほか〉　一〇七二(熙寧五)年に入ると、三月(二六日)には、中小商人に対する低利の貸し付けを目的とした市易法が施行された。市易法施行の原資は、均輸法と同じく内蔵庫から銭帛が提供されて、都に新たに設けられた市易務で運営することになった。市易法との関連では、七三年四月に免行法(免行銭法)が施行された。従来、都市の同業者組合の行《こう》には、商売の独占権が与えられ、そのかわりに官用必需品の調達を課せられる行戸祇応《こうこしおう》と呼ばれる負担が存在していた。免行法は、行戸祇応のかわりに貨幣を納入させた。この市易法や免行

▼坊郭戸　都市居住の人戸。坊は城内の区画名であり、郭は城郭を指している。坊郭戸は府城・州城・県城に住む人々だけでなく、鎮や市に住む人々も含む。坊郭戸は主に動産の多少によって十等に分けられ、戸等に応じて物資の調達や宅地に対する課税などが割り当てられた。

▼胥吏　官庁が雇い入れている官位の無い庶民の吏員。州・県より上級の官庁に雇用されている胥吏を書吏と称することもある。胥吏が日常化した言葉として存在したのは隋代からといわれるが、その実態が本格化したのは、宋代からである。その多くは無給で、移動することなく、官庁の実務を一手に引き受け、その生活を庶民が官庁に差し出す文書の手数料に依存していた。そこに不正の付け入る余地があって、王安石は、胥吏の不正を根絶しようとして、彼らに給与を支給しようとした。

法は、民間の商業活動に政府が介入する政策であったので、政府が民と利益を争う商業行為だとして強い反対がわき起こり、先述したように、この批判も引き金となって、王安石は七四年四月に宰相辞任に追い込まれた。七二年五月には、軍馬の確保を目的として、開封近辺(京西・京東)と陝西・河北・河東の五路の農民で軍馬の飼育を希望するものを募る保馬法が、八月には土地の収益に応じて税金を公平に課税することを目的とした方田均税法が施行された。

このほかの新法としては、おもに辺境の禁軍の戦闘力を向上させるために、西夏との戦闘に一定の功績を立てていた蔡挺《さいてい》を一〇七二(熙寧五)年に枢密副使に任命して訓練法を練らせ、七三年以後、京東路から順次に将兵の訓練を実施していった将兵法がある。また、七一年に科挙にかわって学校教育を受けた者を順次に官僚に採用しようとした三舎法が特筆されよう。このときは、まだ科挙も平行しておこなわれたが、従来の明経科▲は廃止され、進士科▲も詩賦を廃止して論策を試験するようになった。科挙試験における論策重視と人材養成機関としての学校整備とは、慶暦の新政のときにも提唱され、四四年(慶暦四)三月に発布された詔勅によって全国の州県に学校がつぎつぎと建設され、都の太学

▼明経科　隋代の煬帝が明経・進士の両科を設けたのが、その始まり。唐代の明経科は、五経・三経・二経・学究一経・三礼・三伝・史科の七目を含め、科挙の中心的な科であった。宋代に入ると、唐代の明経科を継承した諸科があり、一〇五八(嘉祐三)年になって諸科の中から明経科が独立した。七一(熙寧四)年、明経科を始めとして諸科が廃止され、科挙は進士科だけになった。こうした流れは、唐代以来、明経科が経書の暗記力を試験する墨義あるいは帖経と呼ばれる試験を中心としていたために、次第に世の中の尊敬を獲得出来なくなったことに起因する。

▼進士科　主に詩賦の作文能力を試験内容とする科挙の科目で、唐代中頃から次第に重要視されてきた。この傾向は宋代に入って一層に強まった。その試験は、太宗のときなって、詩・賦・論の三題となり、論では経典の暗記力を問うのではなく、経典の解釈を試問した。科挙が進士科だけになった一〇七一(熙寧四)年

以後は、詩賦が廃止されて、経義・論・策に代わった。なお、太祖時期に、科挙に皇帝臨席の殿試が加わったが、五七(嘉祐二)年に欧陽脩が省試を主宰(権知貢挙)ときに、殿試での不合格者を出さなくなり、それ以後の伝統となった。

も充実された。しかし、官僚の人材養成を学校に求めようとしたのは、王安石の新法からであり、それ以前は、州県学や太学の教育が直接に官僚任用につながらなかった。その後、徽宗時代に入って蔡京が宰相になると、一一〇四(崇寧三)年に科挙を廃止して、三舎の卒業生から官僚を補任し、これは二一(宣和三)年まで続いた。

新法が目指したもの

王安石は、改革をとおしてなにを目指したのであろうか。教科書的な説明に従えば、富国強兵だといえよう。事実、一〇五八(嘉祐三)年に仁宗に上呈された「万言書」の冒頭で現今の課題を、国内は財政逼迫と「風俗」の衰微、国外は夷狄の脅威だと要約している。新法反対派の韓琦も、死去する直前の一〇七五(熙寧八)年四月の上奏文において、新法は銭穀を集積して兵農一致をはかり、唐朝の旧領を回復することを目的としていると指摘する。

財政逼迫のおもな原因は、官僚機構の膨張と軍事費の増大であった。官僚は、文治主義の徹底もあって真宗の景徳年間(一〇〇四〜〇七)に一万人余りであったのが、それから半世紀ばかりたった仁宗の皇祐年間(一〇四九〜五三)には二万人あまりと倍増した。官僚は現役時代ばかりでなく退職してからも、一種の年金として現役時代の半分は支給されていたから、官僚数の増大は国庫に大きな負担となった。一方、軍事費であるが、兵員数の増加がその増大の主な原因であった。西夏の興起に対して、弱兵を数量で補ったこともあって、建国当初の二二万から、真宗の天禧年間(一〇一七〜二一)には、九一万二千人、仁宗の慶暦年間(一〇四一〜四八)には一二五万九千人にふえていた。宋代の軍隊は、戦闘をする禁軍と労役を担う廂軍に分けられるが、いずれにせよ常備の軍隊であり、平時と非常時にかかわりなく、その維持に費用がかかった。一〇六一(嘉祐六)年、▲蔡襄は権《けん》三《さん》司《し》使《し》(財務長官代理)となったが、そのころ、兵員数と軍事費用との内訳を示す文章を公表して、国家収入の六・七割は、軍隊の支出に費やされると悲鳴に似た声をあげている。

　これら一般会計は左蔵庫と呼ばれる国庫から支出され、それとは別に皇帝が直接に管理する内蔵庫があったが、内蔵庫はあくまで緊急時に支出される建前であったので、やはり官僚数と軍隊の増大は、国庫に大きな負担となっていた。

▼**蔡襄**(一〇一二〜六七)　興化軍仙遊県(福建省莆田市)出身。字は君《くん》謨《ぼ》。一〇三〇(天聖八)年の進士。四三(慶暦三)年、知諫院となり、慶暦の新政に参加。五二(皇祐四)年、権知貢挙として省試の責任を担い、翌年には開封府の知事となった。六一(嘉祐六)年、権三司使となり、英宗朝にも三司使として財政を担った。しかし、かつて英宗擁立を阻止したと疑われて、南京留守(河南省商丘市)に転出した。その赴任途中で母親が亡くなり、服喪のために帰郷、郷里で五六年の生涯を閉じた。能書家として有名。諡は忠恵。

▼**貫石両**　宋代の財政では、絹(匹)・銭(貫)・穀物(石)・金銀(両)などの異なる単位を無視して、それらを合計した数字を示す慣習がある。

真宗の末年、一〇二一(天禧五)年には、二四〇〇余万匹貫石両▲の黒字であったのが、次第に黒字幅が減少し、仁宗の四九(皇祐元)年には歳入と歳出が同額になり、英宗の六五(治平二)年には一五七〇余万匹貫石両の財政赤字を出し、その後、赤字幅が増大していった。一般会計の左蔵庫の問題とはいえ、放置しておける数値ではなかった。

財政の危機的状況が誰の目にも明確になり始めた仁宗の晩年の嘉祐年間(一〇五六〜六三)には、後に新法に反対する司馬光や蘇軾といった人たちも含めて、ほとんどの官僚は財政政策の転換を提言していた。その多くは無駄を省き、財政支出を減少させようとする意見であった。それらに対して、王安石の提言は独特であった。彼は、「万言書」や「本朝百年無事劄子」でも指摘するように、「理財」や「治財」ということを主張した。「理財」や「治財」とは、積極的な財政運営を意味しており、民衆を豊かにして国全体の生産力を増大させ、その結果として政府の収入をふやそうという考え方である。王安石は、それを「天下の力に因りて、以て天下の財を生ず」とか「天下の財を取りて、以て天下の費に供す」と表現している。農民の生産をあげるために、新法では農業の基盤整備としての農田水利法や淤田法《おでん》などが施行され、また直接に耕作に従事する小農民に対して、必要な資金を低利で提供する青苗法が用意されるなど、多種多様な政策が立案され実施されていった。その一方で、財政負担の大本となっていた軍隊の兵数も減少させていった。その後、多少の増加はあったが、神宗の治世時代には禁軍と廂軍をあわせて一〇〇万をこえることはなかった。こうして政府の収入は開墾田の増加もあって着実にふえていった。歳入の全体像は不明であるが、田畑に課税される両税は、真宗の大中祥符年間(一〇〇八〜一六)に比較して神宗の一〇七七(熙寧一〇)年には二一七〇万貫石匹余ほど増加している。

財政の改善に尽力する一方で、王安石は対外的な軍事情勢を分析して、五代後晋《こうしん》のときに遼に割譲した、いわゆる燕雲十六州だけでなく、唐代の領域も回復しようという遠大な計画案をもっていた。彼は、手始めに西夏を攻略して、その後に遼を征服しようと考えていた。そのため、対外戦闘に弱い禁軍を精強にしようとして、戦役にたえない兵士を禁軍から除き、将兵法を施行して適切な軍事訓練をおこなった。また、保甲法において、民衆に軍事訓練を課して、やがて禁軍に代替できるようにしようとした。

新法は、こうした富国強兵策を実施していったことは確かだが、しかし王安石が改革でめざした方向は、それだけではなかった。そのことは、王安石が神宗に政治の根本的改革として何を先にやるべきかと質問されたときの彼の答えに明確に示されているように思われる。王安石は、神宗の質問に対して、「風俗を変え法度を立てることが、現在、早急におこなわねばならない点です」と答えている。ここにいう「法度」とは制度や仕組みをさすであろうから、さまざまな制度改革を志向していると理解されるだろう。一方、「風俗を変える」という場合の「風俗」とは、現在の日本語の「みなり」「服装」という意味とは異なって、「気風」とか「習慣」とかを一緒にした含意をもつ言葉、つまり「風習」ということを意味する言葉である。「風」には教化という意味が入っているように、「風俗」は皇帝を頂点とする支配者階級が民衆を正しい風習をもつように教え導かねばならないという意図を含んでいる。要するに、「風俗を変える」とは、あるべき姿に風習や気風を変えてゆくということを強く打ち出す志向性をもった政策なのである。それでは、その変えるべき「風習」や「気風」とは、誰の、あるいはどの階層の「風習」や「気風」なのだろうか。

「風俗」という言葉は、一般的には民衆教化に際して使用され、したがってそれは民衆の「風習」や「気風」を意味している。例えば、王安石の「風俗」と題する文章によると、民衆の生活を安定させるためには、とくに贅沢を抑えて慎ましい気風に民衆を導かねばならない。そうでなければ贅沢の気風によって「兼并之家（土地を奪って自分のものにする家族・一族）」が多くなって、その結果、貧窮者の情況が悪化するために、刑罰を使ってでも、自分勝手に利益を追求する商工業を抑制せねばならないと主張する。民衆に蔓延する贅沢な気風つまり風俗の是正は、国家の盛衰にかかわる重大事だというのである。

しかしながら、このころ、改革を始めようとしていた王安石が述べている文脈からすると、「風俗」とはおもに官界や政界（近代社会と異なって、前近代社会における官界と政界の境界線は曖昧であり、それ故に、以後、官界という語句は政界も意味する）の気風を指しているように思われる。それというのも、この神宗とのやり取りの少し前に、王安石は、現在、天下の風俗と法度が一切崩れ去っていると述べて、その結果、朝廷において「善人」「君子」が少なく、平凡な人間は先例に従うばかりで、「奸人《かんじん》」が正直な人を忌み嫌っていると指摘し、もっぱら官界の情況に言及しているなかで使用しているからである。また、一〇七一（熙寧四）年五月に王安石と神宗とのやり取りのなかで、神宗が現在の「風俗」が崩壊した情況をどのようにして正すべきかと問うたときの、王安石の答えも、「風俗」を官界の綱紀粛正と関連づけて論じている。

こうした当時の政治状況に対する危機感は、王安石が神宗に上奏した「本朝百年無事劄子」と題する文章に如実に表れている。この上奏文は、神宗が建国以来、百年間も政治上に大きな問題もなく、なぜ無事に過ごせてきたのか、その理由を訊ねたことに対する王安石自身の考えを示したものである。最初に、王安石は宋朝に仕える臣下としての立場上、当然、太祖・太宗が宋朝の基礎を英明に築き、それを真宗・仁宗・英宗が賢明に守りつづけてきたと歴代の天子を称えている。この後に、王安石が実際に仕えて目にした仁宗朝の問題点を指摘する。彼によると、仁宗は臣下の意見をよく聞き、民衆に対する処罰も、慈悲の気持ちから軽減をはかり、外国との紛争も戦闘行為をできるだけ抑制する優れた資質をもった天子であったが、その治世中、すべてにわたって歴代の政治のやり方を踏襲して、自然のなりゆきに任せてしまった。その結果、有能な人材は能力を発揮できず、しかも人材登用の登竜門である科挙は詩文作成能力と暗記力に依拠して合否を決めるだけであり、人材育成に資する学校制度の不整備も手伝って、無能で平凡な人間が多く登用されて有能な人材に混じり、政治の充分な実効があがらなかった。要するに、建国以来、百年も無事平和に過ごせたのは、外敵がそれほど大きな脅威とならず、大規模な自然災害も無かった、いわば僥倖に助けられたに過ぎなかったと結論づけている。

こうした批判は、若手・中堅の官僚だった時代からの一貫した主張であった。一〇五八(嘉祐三)年に仁宗に上呈された「万言書」にも、そのことが窺われる。この内容ついては、彼の生涯を紹介した箇所で既に述べているので、ここでは簡単に触れるにとどめる。要するに、財政と風俗が日々に崩壊している現状を提示して、その解決策として平穏無事な現況に満足せず、必要な人材を養成して登用すべきだと主張している。ここでも、自然のなりゆきに任せた政治の在り方に対する鋭い批判の姿勢がみられる。

政治や行政がなりゆき任せで、優れた人材の登用や人材育成が上手くいっていないという批判は、じつは、仁宗時代におこなわれた慶暦の新政時代に、改革を指導した范仲淹・富弼《ふひつ》・韓琦・欧陽脩らにも共通した認識であった。そのために慶暦の新政では、州県学や太学の整備、科挙制度における策論の重視、さらには高齢で無能な地方官の排除などが提案され実行された。しかし、年功序列制度に慣れた大多数の官僚から批判がわき起こり、改革は一年半ほどで頓挫した。王安石は、この改革が頓挫した頃にはすでに官僚生活を出発させ、下級官僚としてその失敗の経緯をみていたと思われる。そのために、官僚に有無をいわせないように、神宗の絶対的信頼を背景にして、しかも政策立案は既成の役所ではなく、これも神宗の承認の下に制置三司条例司という臨時の役所をつくり、有能で野心に満ちた若手の官僚を登用した。科挙制度にも根本的改革を加えて、最終的には三舎制度にみられる学校の卒業生から官僚を補任するように制度設計をしていった。さらには、民衆と直接に接して実務を担当する胥《しょ》吏《り》と呼ばれる下級の吏員は、従来、中央の役所はともかく、地方の州県の役所に働く胥吏は無給で、そのために徴税に割増を付加したり、あるいは訴訟に来た民衆に賄賂を請求したりといった不正と腐敗が蔓延《はびこ》る原因となっていた。王安石は、寛剰銭などを利用して胥吏に給与を支給するかわりに、そうした不正を厳しく取り締まる方針で事態を収めようとした。慶暦の新政時期と比べると、官僚世界の「風俗」を改善するために一歩進んだ包括的な施策を立案し実行していったといえよう。だが、こうした施策の徹底性は、一方で激しい批判を誘発した。

③—王安石と新法に対する批判意見

青苗法と募役法

新法の諸施策が実行に移され、改革が一つの頂点を迎えた一〇七二(熙寧五)年の時点で、王安石自身は、和戎《わじゅう》▼・青苗法・募役法(免役法)・保甲法・市易法を、新法のなかでも重要な政策であるととらえていた。それだけに批判も集中したが、ここでは、紙幅の関係もあって、とくに批判が多かった青苗法と募役法の二つを取り上げよう。

新法施行当初、批判の標的になったのは、青苗法(常平新法)であった。その一番の理由は、青苗法では借りると、その返済に利子がともなうことであった。例えば、韓琦は、一〇七〇(熙寧三)年二月の上奏文で、つぎのように批判している。施行時の詔によると、青苗法は民衆を優遇して、兼并家が緊急事態に乗じて倍の利息を求めることをさせず、政府もそこから利益をえるつもりはないといっている。しかし、実際は、一〇〇〇銭を借りると、一三《マ》〇〇《マ》銭を返さねばならない。これは、お上が利子をとる行為であり、詔勅で兼并家を抑え(民

▼和戎　一般的に異民族との和睦をいう。一〇七一(熙寧四)年、王韶は青唐(甘粛省西寧市)や渭源(甘粛省渭源県)といった宋と西夏の国境地域の少数民族一二万人ばかり帰順させ、その後も帰順政策を積極化させ、それを王安石は、対西夏政策の成功例とみなしていた。だが、それらの取り扱いをめぐって、西夏問題が、遼との関係悪化に発展することを心配する旧法党と真っ向から対立していた。

衆の）窮乏を救済するといいながら、その意図に反している。どうして民衆の信頼を勝ちえるであろうか、と。また劉攽《りゅうはん》▲も、王安石に宛てた書簡において、利子をとる青苗法を批判している。そして欧陽脩は、二分の利息が利息として少ないというならば、少しの利益ならばとらないのにこしたことはないとまで主張して、利息をとることに反対した。こうした批判に対して、王安石は、曾《そう》伉《こう》という人物に宛てた書簡で、二分の利息をとる理由を明確に説明している。それによると、二分の利息よりは一分の利息にこしたことはない。一分の利息よりは無利子で貸し与えた方がよい。そして貸すよりも与えた方が良いに決まっている。だが、利息を取るのは将来にわたって、この法を続けてゆくためである。つまり、事にあたる官吏の給与や運搬費用、そして災害時に農民が返却できなくなったり、運搬時における目減り分に必要だからだというのである。

　反対の第二の理由は「抑配」といって、地方官が自分の成績をあげるために、借りる必要のない民衆にも一律に戸等に応じて強制的に借り出させることであった。韓琦は、紹介した上奏文の続きに、上等戸は青苗銭を借りる必要はないにもかかわらず、官吏が貧乏人では返せないかもしれぬと恐れて、上等戸を連

▼**劉攽**（一〇二三〜八九）　臨江軍新喩県（江西省新余県）出身。字は貢父、あるいは贛《とう》父、贛《かん》父。号は公非。弟の劉敞《しょう》とともに、一〇四六（慶暦六）年の進士。仁宗・英宗両朝時代の二〇年ほどを地方官巡りをし、神宗朝になって儀礼を司る同知太常礼院に任命され、王安石に宛てた書簡で新法反対を主張した。哲宗朝に詔勅の草案を作成する中書舎人に任命されるが、病気のために、八九（元祐四）年、六七歳の生涯を閉じる。彼は幼いときから刻苦勉励して多くの書物を読破し、ことに史学に精通し、司馬光の『資治通鑑』には、漢代の部分の編修に協力した。

帯責任者にして返却を無理におこなおうとしていると批判している。司馬光も、富戸を貧民の連帯責任者にして借りさせるが、貧民はすぐに借金を使いはたして返済できないので、ここ十年以内に、富者は没落してしまうかも知れないと述べている。これに対して、王安石は、当初、「抑配」は「豪強」を抑える有効な手段だと考えていたようであるが、新法反対派の猛烈な批判にさらされて、「自願請願」の徹底に方針を転換していった。

　募役法(免役法)をめぐって、新旧両党はもっとも多くの論争を交わした。反対意見は、蘇轍《そてつ》・張方平《ちょうほうへい》▲・韓琦・司馬光らから出されている。ここでは、募役法の反対を代表する司馬光の批判をみてみよう。彼は、一〇七〇(熙寧三)年十一月、永興軍路における青苗法と助役銭の適用除外を請願する上奏文でつぎのように論ずる。まず、従来の差役法では、差役は何年かごとに順番にあてられていたから、休息できる年があったが、募役法では毎年、免役銭を出さねばならず、休息の時期がなくなる。つぎに、従来、差役を免ぜられていた下等戸や単丁戸・女戸も助役銭を出すことになり(募役法の規定では郷戸の四等以下と坊郭戸の六等以下は役銭を出さなくてもよかったが、両浙路・広南東路や四川一帯では、

▼**張方平**(一〇〇七〜九一)　応天府宋城県(河南省商丘市)出身。字は安道。号は楽《らく》全居士。一〇三四(景祐元)年の科挙合格。若年から抜群の記憶力を称せられ、一度、目にした文章は生涯にわたって忘れなかったという。崑山県(江蘇省昆山県)の知事や知諫院を歴任し、一〇六七(治平四年)九月に参知政事となる。新法には反対の立場をとり、九一(元祐六)年、八五歳の生涯を閉じた。諡は文定。蘇洵・蘇軾・蘇轍が有名になる以前から、彼らの才能を見出して中央の高官に推薦した。

これらの下等戸も役銭を納入していた)、孤児や未亡人、孤独な男性老人らにも負担がかかることになる。しかも仕事に応募してくる人は、定職の無い浮浪人であって、彼らは必ず扱っている公の物資に手をつけたりして悪いことをする。

この批判に対して、一〇七一(熙寧四)年七月、募役法の制定に深くかかわった曾布が全面的な反論を展開した。司馬光の批判に対応する反論としては、つぎのように主張する。従来、差役を負担してきた上戸の負担が重くなったという点にかんしては、毎年の免役銭の支払額はかなり少なく、差役法の時代には、かえって上戸が家産を容易に蕩尽していた。下等戸も従来は職役にあてられていたが、募役法ではそれら下等戸は役銭をもらって職役にあたることはあっても、役銭は一銭も徴収されない。また、浮浪人が官物を横領するという心配に対しては、そもそも金銭徴収を担当する職役に応募できるのは、それなりに労働力や資産のある戸等に決まっており、その下に浮浪人が役使されても、不正は生じにくい。この曾布の反論は、王安石も賛意を示していたから、同様の意見だったと思われる。しかも、さまざまな反対のあった募役法(免役法)ではあるが、その施行後は、雇った人に心配するほどの不都合を生じなかったなど、反対派にもその利点が認識されたらしく、神宗の死後、宣仁皇太后の摂政下で司馬光が新法をつぎつぎと廃止してゆくなかで、蘇轍や范純仁《はんじゅんじん》▲といった新法反対派も、募役法の廃止には反対をしている。

三不足論

新法をめぐっては、各法に対する個別具体的な批判もさりながら、新法施行の手法や王安石の政治姿勢に対する批判が激しかった。それは、新法を主導した王安石の言動が反対派を刺激し、感情的反発を誘発したという一面もあった。いわゆる「三不足論」もその一つといえよう。

一〇七〇(熙寧三)年の春頃、王安石の政治姿勢を端的に示すとされる政治スローガンが朝廷内外に広まり、何かと官僚たちに物議を醸しだし、官界に大きな波風を立てた。それが「三不足論」と呼ばれるものである。「三不足論」とは、「天変は畏《おそ》るるに足らず(天変不足畏)」、「人言は恤《うれ》うるに足らず(人言不足恤)」、「祖宗の法は守るに足らず(祖宗之法不足守)」の三つをさしている。じつは、この「三不足論」は、王安石がいい出したことではなく、このころ、翰林

▼**范純仁**(一〇二七〜一一〇一)　蘇州呉県(江蘇省蘇州市)出身。字は堯夫。范仲淹の二男。一〇四九(皇祐元)年の進士。胡瑗や孫復について学び、父親が亡くなるまで出仕を控えていた。英宗朝に殿中侍御史や侍御史を歴任し、当時、朝野を揺るがす議論となっていた濮議では、台諫側に立って韓琦・欧陽脩らの中書側に反対の立場を鮮明にしていた。神宗朝の時期は、新法に反対の立場を貫き、地方に左遷されたが、哲宗の即位に伴って中央に復帰し、一〇八八(元祐三)年には宰相に就任。一一〇一(建中靖国元)年に七五歳の生涯を閉じた。諡は忠宣。

学士院が実施した館職の登用試験の設問中にあった。そこには、近ごろ、三不足論を唱える論者がいるけれども、それをめぐって経書の解釈をもとにしながら所見を述べよとあったのである。設問中の「論者」とは、当時の政治的文脈からすれば明らかに王安石ないし新法派をさし示していた。

設問内容が、やがて朝廷内外の話題をさらうようになったが、王安石はこの試験の作成当事者ではなかったので、神宗から「三不足説(論)」を知っているかどうかを訊ねられたとき、むろんその言葉を聞いたことがないと返答した。しかし彼は「三不足論」の原理と内容とに賛意を示しただけでなく、さらに踏み込んで、その「三不足論」を敷衍した議論を神宗の前で展開した。「三不足論」を自分の政治姿勢・政治信条を端的にあらわすものとして認めたのである。

「天変は畏るるに足らず」とは、すでに王安石の第一次宰相辞任の記述にさいして触れたように、干魃や蝗害などの自然災害は国家の失政に対する天の警告ではなく、あくまで自然現象にすぎず、人間世界のできごととは何の因果関係ももたないという主張である。王安石は、この主張を経典で裏づけるために、『尚書』の「洪範」を整理して自分の解釈をつけて神宗に提出している。

▼**董仲舒**（前一七六頃～前一〇四頃）広川県（河北省景県の西方）出身。春秋公羊《くよう》学を学び、武帝（在位前一四一～前八七）のときに、儒教を国家統一の原理とすることを提言。著書に『春秋繁露《しゅんじゅうはんろ》』がある。彼は、政治や道徳において、天道に従うことを説き、君主権を強化するとともに、自然災害を政治に対する警告として君主権を掣肘する主張もした。

自然災害を天の警告と結びつける議論を天譴論《てんけんろん》というが、それは、古い伝統をもつ思考様式で、その確立者は前漢の董仲舒《とうちゅうじょ》▲である。その後、この思考様式は、歴代王朝の皇帝に対して政治の反省を迫る政治哲学論として機能してきた。このため、自然災害を記録する「五行志」という部類が『漢書』を初めとして、多くの正史に載せられてきた。自然災害が政治と直結する重大なできごとだからである。この思考法は、宋代になって変化が現れ始めた。欧陽脩は、慶暦の新政に参加し、仁宗・英宗時期の思想界に大きな影響を及ぼした人物だが、その『五代史記』（『新五代史』）や『新唐書』のなかで、あらゆる自然災害を人間世界のできごとと直接に結びつける思考法に疑問を提出している。人間世界が自然世界とは相対的に独立した存在であることを主張したのである。しかし、その一方、天譴論のもつ意味を全く否定しさっているのではない。仁宗・英宗という二人の治世時期、皇帝の政治姿勢を戒める必要のあるときには、それをもち出してきており、天譴論は変化をこうむりながらそれなりに政治のなかで機能していた。欧陽脩は王安石の文章家としての師匠にあたる。王安石は師匠とは異なって天譴論をまったく否定し、新法反対派が天譴論をもち出して新法の批判の根拠としないように機先を制した。その結果、従来、皇帝の恣意を規制する役割をはたしていた論拠の一つが政治論議から外されてしまった。

「人言は恤《うれ》うるに足らず」とは、政策を実行するとき、輿論(「世論」よりも「輿論」が本来的意味に近いので、以後この語句を使用する)に左右されて判断を違《たが》えるなということである。王安石は、さきの「三不足論」をめぐる神宗との対話において、春秋時代の鄭の荘公が多くの意見を聞きすぎて、かえって弟の大反乱を招いたという『詩経』の「国風」の記事を引用して、他人の意見を顧みないからといって、特別に間違っているといえないと述べている。つまり「人言」を「流俗之言」ともいい換えているように、すべての輿論を否定しているのではなく、この言葉は責任の所在が分からない世俗の言辞をさしているようである。しかし何をもって「流俗」の意見と断定するのかは、それを判断する主体の価値観に依拠するので、「流俗之言」だけを排除したという説明だけでは問題は片づかない。問題の根は深い。輿論の問題は、王安石の政治姿勢ひいては彼のいだく国家像とも深くかかわるので、後に章節を改めて取り上げる。

「祖宗の法は守るに足らず」とは、宋朝の歴代の皇帝がつくりあげてきた制度は、必要があれば改定すればよいのであって、後生大事に墨守すべきではないということである。王安石は、さきの「三不足論」をめぐる神宗との対話でつぎのように語っている。そもそも、仁宗は、四〇年の在位期間中、発布した詔勅の編集を数回にわたっておこなっている。制度がつねに一定ならば、制度改定をした詔勅集をなんどもまとめる必要がない。また、祖宗の時期、人材登用は年功を無視しておこなわれていた。現在、こうしたやり方、つまり祖宗の法を採用したら蜂の巣をつついたような騒ぎになるだろう。

近年の鄧小南の研究によると、「祖宗之法」が治国の理念として遵守すべきだという観念は、真宗から仁宗前期にかけて始まったという。要するに、宋朝の建国から四代をへて、それまで蓄積されてきた制度や慣習が尊重され出して、以後の政治を大きく制約するようになったのである。真宗と仁宗の時代は、創業時代の草創期を過ぎて宋朝体制が定着し、宋朝らしい制度や政策が開始された。宋朝の「祖宗之法」としての内実が整備されてきたのである。「祖宗の法は守るに足らず」は、こうした真宗・仁宗体制の否定と新たな制度づくりの表明にほかならない。

④—王安石の国家論と輿論

王安石の政治姿勢と輿論

宋学を大成させた朱熹▲は、王安石自身の回顧として、曾布は新法に一貫して協力したのに対して、司馬光は終始反対を貫いたという言辞を紹介している。正鵠《せいこく》を射ているといえよう。

一〇八五（元豊八）年三月、司馬光は、神宗の崩御にともなって、その弔問と葬儀参列のために在住地の洛陽から久しぶりに都の開封を訪れた。一〇七〇年（熙寧三年）九月に都を離れて足掛け一五年の月日がたっていた。彼を待つ民衆は熱気に包まれていた。宮城の門をとおるとき、門番までが額に手をあてて「司馬光様だ」と叫び、乗っている馬の前には多くの民衆が立ちはだかって、洛陽に帰らないように懇願した。数千人もの人が周りをとり囲んだという。この熱気に戸惑った司馬光は、急いで洛陽に帰ったが、離京する前に垂簾聴政を始めたばかりの宣仁皇太后に対して、現在の至急施策として、官位の有無を問わず、朝廷に向かって政治の欠陥や民衆の苦しみを申し立てさせるべきだと上

▼**朱熹**（一一三〇〜一二〇〇）　本籍は徽州婺源《ぶげん》県（江西省婺源県）。南剣《なんけん》州尤渓《しゅうゆうけい》県（福建省三明市尤渓県）に誕生。字は元晦《げんかい》、号は晦庵。一一四八（紹興一八）年の進士。泉州同安県（福建省同安県）の主簿を振り出しに官僚生活を始めるが、人生の大半は嶽廟や寺観（仏教寺院と道観）の長官で赴任する必要のない祠禄官と呼ばれる官職に就き、実際は福建西北部の建州崇安県や建州建陽県に居住して、読書をして思索を深め、さらには講学や執筆の活動を行った。晩年には権臣の韓侂冑《かんたくちゅう》に睨まれて、彼の学問は偽学とされ、七一年の生涯を閉じたときも、知己や弟子の葬儀参加を禁止された。その後、一二四一年に朱熹の学問が正式に公認され、孔子廟に従祀され、朱子学正統化の道が切り開かれた。ここの王安石の言辞は、『三朝名臣言行録』巻六「王安石」に載っている。

奏した。政治に対する自由な意見表明の必要性を求めたのである。

このときは、広く意見を聴取せよ(「広開言路」)と抽象論を述べたにすぎないが、翌月(あるいは五月)の同様の主旨の上奏文では、広く意見を求める理由を明確に記している。つまり、王安石は政治の実権を掌握すると、聡明な先帝の耳目を塞ぎ、自分の思いどおりの政治をやり遂げるために、批判的な意見を述べて諫める人をひどく嫌い、彼らの言辞を誹謗中傷にすぎないとして厳禁し、そのために人々は口を噤《つぐ》いでしまった。かくて、民衆の苦しみは訴える術を失って、政治に対する怨嗟の声は先帝に集まってしまったというのである。

司馬光の、王安石が言論を封じているという批判は、神宗の在世中にもなされている。例えば、一〇七四(熙寧七)年、あいつぐ自然災害に王安石が宰相を辞任せざるをえなかったときにも、洛陽から長文の上奏文を上呈して、そこで青苗法・募役法・市易法・保甲法といった新法の具体的施策を批判するとともに、政治の欠陥を指摘する人物を台諫から追い払い、それにかわって自分の都合の良い人物を台諫にあてていると指摘している。

こうした批判は、司馬光からだけ出されたのではない。例えば、文彦博が一〇七一年(熙寧四)年三月三日に上呈した有名な上奏文に、その一端がうかがわれる。この上奏文は、従来、祖宗の法を簡単に改めるべきでないと主張したものとして、新法を論ずる時になんどもとり上げられてきた。その主張はたしかに記されているのだが、まず、この上奏文においては、かつて国家の重大事は、皆にはかって意見を聴取して、一方に片寄った意見に従うことはなかったことを指摘し、神宗治下の政治の決定方法あるいは運営方法に異議を唱えているのである。しかも、この文彦博の意見陳述は、王安石新法の制度的完成に導いた募役法に反対するなかで述べられただけに、象徴的陳述だと思われるのである。これらの点は、従前の王安石研究において意外とみすごされてきた。

それでは、どうして王安石は、新法に対する批判に敏感に反応したのだろうか。ここで注目されるのは、先述の王安石が参知政事になったころの神宗とのやり取りである。王安石は、官界の「風俗」が崩壊している情況を指摘し、その一例として、現今の朝廷では、なにか新しい提案があると、それが独創的なものでなくとも、その効果が現れる前に、異論が続出してどうにも収拾がつかなくなると不満を漏らしている。そのため、王安石は改革にさいして、その実効が確認される前に、多くの異論が続出することを心配し、その対策を講じた。その一つが制置三司条例司の設置であり、もう一つが官界の輿論を代表し、新法反対の牙城となっていた台諫を中心とする言論機関を自己の掌中に収めることであった。

まず、制置三司条例司の設置からみてみよう。この制置三司条例司が、一〇六九(煕寧二)年二月に改革案を策定する目的で設置されたことは既に述べた。知枢密院の陳升之と参知政事の王安石が共同の責任者として任命され、呂恵卿のほかに蘇轍や程顥も、改革案を練る実務担当のスタッフにあてられ、蘇轍は呂恵卿と同じ制置司検詳文字という肩書きを与えられた。ここでは、財政逼迫に対処するための諸方策が呂恵卿ら若手官僚を中心として検討された。しかも、中書で策定したのでは宰執《さいしつ》▲の合議に手間どって作業がはかどらないという理由で、中書の干渉を受けない臨時の役所として設置されたのである。つまり、王安石は、改革案が彼の考えるように円滑に策定されるために、この役所を設けたのである。しかしながら、制置三司条例司は、一〇七〇(煕寧三)年になって、判大名府の韓琦がこの役所は中書のほかにもう一つ中書をつくるようなものだ

▼宰執 神宗の元豊の官制改革以前においては、一般行政の最高機関は、中書門下(中書と略称された)であり、その長官の同中書門下平章事が宰相、次官の参知政事は執政と称された。執政には、他に兵政を司る枢密院の長官(枢密使)と次官(枢密副使)も入れられ、宰相と執政とを一緒にして称するときに宰執と呼ばれた。元豊の官制改革以後、同中書門下平章事と参知政事が廃止され、宰相は尚書《しょうしょ》左《さ》僕射《ぼくや》兼門下侍郎か尚書右《う》僕射《ぼくや》兼中書侍郎となった。これを補佐する執政は、門下侍郎、尚書左丞、尚書右丞であり、枢密院の長官と次官も執政に連なったが、名称は知枢密院事(長官)、同知枢密院事(次官)となった。なお、副宰相としての参知政事は、南宋に入り、一一二九(建炎三)年に復活した。

と強く主張し、また、この役所の「物資やお金が全国に等しくゆきわたる」という所期の目的が一応は達成されたこともあって廃止された。制置三司条例司では、すでに述べたように、呂恵卿が新法の立案に多大な貢献をしており、王安石は呂恵卿と相談のうえで、呂恵卿の提示した改革案の多くを採用して、それを実行に移していった。呂恵卿についで王安石に信任されたのは曾鞏の弟の曾布であり、彼も改革案の策定に尽力した。

もう一つの台諫の掌握に目を転じよう。王安石は、台諫に対しては敵意に近い感情をいだき、それを掌握する機会をうかがっていた。一〇六九(熙寧二)年、好機が訪れた。前年、山東で一人の女性が許嫁に傷害を負わせて逮捕された。許嫁の容貌に不満をいだいた末の凶行であった。許遵《きょじゅん》は、当地の知事として事件を審理し、事件の顛末を認《したた》めて中央に報告した。その報告のなかで、許遵は、犯行は結納前におこっており、普通の傷害事件として処理すべきだと上申していた。しかし、中央政府の刑事事件をあつかう審刑院▲と大理寺▲は、重大事件として絞殺刑に処すべきだと判定した。王安石は審刑院と大理寺の案に反対し、許遵の案を支持した。この処理をめぐって、台諫側は審刑院と大理寺の案に賛

▼**審刑院**　北宋時代、中央の三大司法機関(大理寺・刑部・審刑院)の一つ。九九一(淳化二)年に設置。地方の州において死刑判決を受けると、中央の大理寺で審査を行い、それを審刑院が再審査して、その結果を中書に報告し、皇帝は中書の報告を基に最終的な判断を下していた。元豊の官制改革後、審刑院は廃止されて、その機能を刑部に帰属させられた。

▼**大理寺**　大理寺の官名は北斉に始まり、北宋前半期、徒刑(労役刑)以上の刑罰や皇帝の命令のもとに取り調べが行われる「奏獄」を担当した。元豊官制改革後は、死刑以下の重要刑罰を審査する左断刑と、皇帝の命令による取り調べなどを扱う右治獄とに機能が分けられた。

成し、王安石と鋭く対立した。この年八月、王安石は、自分の意見を押しとおし、決定に反対する台諫側の官僚を地方に追い出した。その上、翌年四月には、義理の母に対して服喪しなかったと批判されていた李定を神宗の支持を背景にして、強引に監察御史裏行という御史台の役職につけた。王安石は、その後、台諫を中書の制御下におき、一〇七〇(熙寧三)年の終わりには台諫は完全に新法派の手に握られた。

そもそも王安石は知人に宛てた手紙で、孔子・孟子が偉大な理由の一つに、多数の意見に惑わされない点があると述べている。また、一〇七一(熙寧四)年五月に神宗と交わした保甲法をめぐる会話のなかでも、民衆の輿論に従うばかりの政治ならば君主も官僚も必要がないといい切っている。神宗も、こうした王安石の考えに賛成で、青苗法に反対する欧陽脩を、道理にはずれてまで民衆の意見に従っていると批判している。

王安石と神宗は、異論に対して不寛容であった点には理由がある。それは神宗の父親の英宗時代に展開された、いわゆる濮議《ぼくぎ》に苦い想いをいだいていたと思われる。当時、王安石は、母親の服喪もあって江寧に退居しており、濮議《ぼくぎ》には参加していないし、それに関する意見も公表していないけれども、当然、宋朝に食禄をえている人間として議論の行方を注視していたであろう。その結果が、後年、神宗とのやり取りにおいて、近年の官僚がどんな政策の提言であっても異論を提出する、困った「風俗」が蔓延していると述べ、そうした議論倒れの風潮を一掃しようとしたかったに違いない。王安石の新法が開始されて、新法に反対の論陣を張った呂誨《りょかい》・范鎮▲・范純仁らは、濮議でも当時の執政に反逆した台諫に籍をおく官僚たちであった。

濮議と台諫

濮議とは、英宗の実父の濮王允譲《いんじょう》の祭祀をめぐる論争をさしている。この議論がおこる遠因は、仁宗が皇子に恵まれなかったからである。仁宗は、生涯に三人の皇子と十三人の公主をもうけているが、皇子たちは、全て幼いなかに死んでしまっていた。そのため、一〇五六(至和三、この年、九月に嘉祐と改元)年、正月の儀式の最中に病気で倒れて、しばらく政務が執れなくなると、後嗣問題が急速に浮上し、多少の曲折をへて、一〇六二(嘉祐七)年八月に仁宗の従兄弟、

▼范鎮(一〇〇八～八八)　成都府華陽県(四川省成都市)出身。字は景仁。一〇三八(宝元元)年の進士。河南府新安県(河南省新安県)の主簿を振り出しに官僚生活を開始し、一〇五六(至和三)年正月に仁宗が病気で倒れると、知諫院の立場から早急に後嗣を建てることを繰り返し上奏した。英宗朝の濮議では、英宗の実父の濮王允譲を「皇伯」と称すべきだと主張した。王安石の新法が始まると、新法に反対し、ことに青苗法は唐末の混乱した時代に行われた模範に値しない制度だと批判した。一〇八八(元祐三)年閏一二月に八八歳の生涯を閉じた。諡は忠文。『新唐書』の編纂に参加し、北宋の故事・典章制度や蜀の風土・人物などを記した『東斎記事』の著述もある。

濮王允譲の第十三番目の皇子が公式に跡継ぎと決定された。翌年三月末に仁宗が亡くなると、趙曙《しょ》と改名されていたこの皇子が帝位に即《つ》いた。これが神宗の実父の英宗である。

英宗の治世時代をつうじて朝野を大きく揺るがせた問題が濮議であった。皇統を継いだ仁宗の祭祀との関係で、実父の濮王允譲をどのような名目で祀るかが朝廷内で議論されたのである。司馬光を代表とする台諫側は、濮王が仁宗より年上なので「皇伯(皇帝の伯父の意味)」とすべきだと主張し、それに対して政治の中枢にいた宰相の韓琦や参知政事の欧陽脩は、「皇考(皇帝の父親の意味)」と称するのが歴史的にも儒教の経典にも合致すると主張し、台諫側と中書側の両者は鋭く対立した。結論からすると、韓琦・欧陽脩らの中書側の意見が大幅に取り入れられて決着した。

それに対して、台諫側から猛烈な反発が引き起こされた。当時、台諫に職をもっていた呂誨・范純仁・呂大防《りょたいぼう》らが反対の急先鋒であった。呂誨は、中書側の理論的指導者であった欧陽脩を「首悪」と呼び、その処罰を英宗に求めた。彼らは、自分たちの主張こそ輿論(「公議」)に叶い、儒教の経典にも一致するといい立てた。司馬光は、このときには諫官を辞めていたが、濮議の当初から台諫側の理論的指導者であり、従来の経緯からも呂誨らの意見に同調し、中書側にそった決定を批判した。

両者の対立は、どちらかが中央を去らねば決着がつかないところまで行き着いた。一〇六六(治平三)年一月も末近いころ、韓琦と欧陽脩は、中書側と台諫側のいずれを選択するかを英宗に迫った。英宗は、自分の政治基盤が充分でないことを自覚していたので、仁宗末年から政治の実権を掌握し、政治経験も豊かな中書側の人間を選ばざるをえず、台諫側の官僚を地方に転出させた。

濮議をめぐる論争は、一見すると、儀礼上の空論に終始し、歴史的に何の意味ももたないようにみえる。ここでは、論争の中味を詳しく紹介はしないが、机上の空論にしかみえない論争を子細に検討すると、そこには君主は如何にあるべきか、そしてその君主を戴く国家はどのようなものかといったことをめぐる新旧世代の攻防を見出せる。しかし、どちらの立場に立つにせよ、「輿論」が政治の根幹であるという点では共通していた。輿論にもとづく政治という観念は、じつは、濮議のとき中書側の頂点に立っていた韓琦や欧陽脩が二〇年ほど前に参加した慶暦の新政時期につくりあげたものであった。

ちなみに、司馬光は濮議論争に結果的に破れはしたが、彼の政治生活にとっては有利に作用した。英宗の擁立にも当初から積極的な役割を果たし、濮議でも皇帝の権威を強める主張をしたことは、彼に対する帝室の信頼を確固とした。続く神宗朝の政権が不安定なときにも、神宗の権威の確立に尽力し、彼に対する帝室の信頼は一層高まった。そのため、終始、司馬光が新法に反対の立場を貫いて神宗の意志に背いても、彼に対する帝室の信頼は揺るがず、神宗の死後、中央への復帰を促進させた。それに対して、王安石は、母親の服喪もあって濮議にかかわっていない点は、古い政治的経緯にこだわることなく新しい政策の展開に有利に作用したが、英宗と神宗の擁立や二人の帝権確立にかかわっていない点で、帝室の信頼を充分には勝ちえない弱点ともなった。第一次宰相辞任に端的にみられるように、帝室からの批判が彼の政治的立場を危うくしていった。

慶暦の新政と輿論

歴史的に慶暦の新政と呼ばれる改革は、一〇四三(慶暦三)年九月初めに、参知政事の范仲淹と枢密副使の富弼(一〇〇四〜八三)の連名で、当面の改革策を十箇条にまとめて仁宗に上奏したことに始まる(「十事列奏」あるいは「上陳十事」)。当時、宋朝は国の内外に問題をかかえており、その事態を放置しておけなくなっていた。それは、一〇三八(宝元元)年、李元昊▲に率いられたチベット系タングート族が西北部に西夏を建国し、宋朝に侵攻を始めたことに起因する。宋朝は、西夏との戦闘やそれにともなう西北辺境に対する軍事物資の輸送などによって軍事費を増大させ、それが国家財政を圧迫した。国家財政の逼迫は、必然的に負担を農民に転嫁させ、負担の増加は農民反乱や兵乱を誘発していた。こうした悪循環を断ち切るために、軍容の確立と国内治安の回復は焦眉の急となっていたが、それに対処する官僚組織は長年の惰性に安住していて、敏速で有効な対策を打てないでいた。そこで、范仲淹ら改革派は、第一に問題の処理にあたる官僚組織を刷新しようとして、人事の刷新や人材養成に焦点を当てた改革を進めた。地方官の治績に対する査察の強化や全国の州郡に学校を設置す

▼**李元昊**(一〇〇四〜四八)　西夏初代の皇帝。宋や遼と対抗しながら、タングート諸部族を統合して、東は内モンゴリアから西は敦煌に及ぶ広大な地域を領土に組み入れ、一〇三八に皇帝に即位し、国号を大夏とし、都を興慶府(寧夏回族自治区銀川市)に置いた。独自の官制を策定し、西夏文字を作って、大量の漢籍を翻訳させるなど、国家や文化の基盤を築いたが、皇族と皇后一族との争いの中で、子供の寧令哥に殺害された。廟号は景宗。

ること、さらには詩賦ではなく論策に重点をおいた科挙試験の改善などが、そうした具体的な施策であった。

欧陽脩は、この改革に諫官《かんかん》(諫諍を司る官僚)として参加した。諫官は改革にさき立って一〇四三年三月に増員され、改革の中心を担うことが期待されていた。諫官は、七品か八品の官位をもつ官僚が任命され、必ずしも高い地位ではないが、国家全体の問題に発言ができ、政治の舞台で華々しい活躍を示せ、エリート官僚の出世階段の一つとなっている。欧陽脩は、諫官となったことが、その後の官僚生活を方向付けたようで、老年に至るまで諫諍を第一に心掛けた。後年、神宗は欧陽脩が致仕を願い出たときに、「欧陽脩の官僚人生は言事官であった」という主旨の発言を王安石と交わしている。

欧陽脩は、この諫官としての経験もあって、率直に政治の欠陥を指摘する重要性と、そして政治はさまざまな意見を集約してなり立つことを確信し、それを理論化していた。この意見と理論は欧陽脩のみならず、慶暦の新政に参加した士大夫たちの共通の認識にもとづいており、それが仁宗時代の政治の特色を形成していた。王安石の政治運営論との対比する意味でも、欧陽脩の理論を簡単に紹介しておこう。彼のまとまった議論としては「為君難論（君為《た》るの難《かた》きの論）」と題する文章に残っている。

「君為《た》ること難し」とは、『論語』子路篇の「君為《た》ること難し、臣為《た》ること易《やす》からず」を典拠として踏まえ、君主が政治をおこなうにさいして直面する困難を取り上げている。その困難とは、人材登用（「用人」）と意見聴取（「聴言」）であるという。まず、人材登用の難しさである。人材を登用するとき、登用に値すると判断した人物に能力を発揮させるためには、その人物を信用して職務を任せることが肝要であるけれども、そうしてみても、必ずしも良い結果を生むとは限らず、失敗するかもしれないのである。つぎに意見聴取の困難とは、君主が充分な注意を払ったとしても、良いと判断した意見を採用して失敗する場合と、採用できないと考えた意見が逆に成功をもたらす場合があることをさしている。では、どうすればよいのか。結論をいうと、人材登用にあたっては、その人物と施策が臣民の支持をえているかどうかを登用の判断基準にし、意見聴取の場合も、奇抜な意見ではなく、多数の人々が支持し、経験に裏づけられた老練な意見に従うべきだと説いている。要するに、君主（皇帝）は、人々の輿論に従った政治を実行することで、間違いない政治運営をはたせると主張しているのである。君主が勝手に自らの考えで事を進めることを、「独見之明」と述べて、失政を招く原因となるとして強い警告を発している。このように、欧陽脩は、君主の恣意性を排除した輿論にもとづく政治を提唱していた。この考えの下では、皇帝は単なる政治機構全体を統合する、極端にいえば象徴的存在にしかすぎない、いわば国家という機関の一部としての君主の役割を期待されている。別のいい方をすれば、欧陽脩は皇帝機関説的国家像を描いていたといえよう。

欧陽脩の輿論を重視する君主(皇帝)論には、人々の共有する一般常識に信頼をおくという思考様式をうかがえる。それは、経典に対する解釈にも示されている。欧陽脩は、儒教の経典解釈史において不動の地位を占めている。つまり、唐代までの注疏に依拠した経典解釈(訓詁学)を排除し、経典の本文それ自体から解釈しようとしたり、なかには経文の内容にも疑問を差し挟んでいる。その成果が『易童子問』『詩本義』『春秋論』といった論著に代表される、『易経』『詩経』『春秋』に対する見解である。例えば、『春秋』経文の解釈として古来から定評のある『春秋左氏伝』『春秋公羊《くよう》伝』『春秋穀梁伝』(『春秋』三伝という)を参照しなくとも、経文の七・八割は理解できる。逆に、これらの解釈を利用すると五・六割に間違いが出てくると指摘する。その理由は、経文は簡潔で素直な文章であって、三伝の奇をてらった文章とは異なるからだという。要するに、経典も常識的な判断で解釈が可能だと主張している。こうした人間の常識的な判断を『書経』の「泰誓《たいせい》」(これは周の武王が殷の紂王を討伐するとき、臣下と誓った言葉を載せているといわれる)を論じた文章では、「人情」と述べており、人情に照らして不合理な記述を徹底的に批判している。この常識を判断基準とする思考法は、ほかの場合にも適用される。例えば、司馬遷は、『史記』を叙述して、堯舜以前の、常識で判断すると荒唐無稽な事柄まで、たんに自分の知識を誇示するために言及していると批判する。このように、欧陽脩は、人々のもつ一般常識に根拠をおいた思考様式をもっており、それにもとづいて哲学や政治思想を組み立てていたのである。

王安石の輿論観と国家像

王安石は、既述のように、濮議に象徴されるような台諫の宰執に対する異議・異論を苦々しい気持ちでみており、それが台諫排除の動機となっていた。そしてそれに関連して、一〇七一(熙寧四)年六月、神宗は、欧陽脩が致仕を願い出たときに、「欧陽脩の官僚人生は言事官であった」という主旨の発言を王安石と交わしていた。このやり取りは、新法に対してことごとく反対行動を起こしている台諫の源流として欧陽脩を取り上げており、そうした文脈のなかでは、当然、欧陽脩の言事官としてのあり方は否定的な意味合いをもっていた。この二人の会話は、直接的には濮議を想定したものでしかないけれども、言事官としての欧陽脩に言及しているということは、神宗と王安石の脳裏には否定して乗りこえるべき対象として、慶暦の新政以後の宋朝政治が射程に入っていたと考えられよう。朱熹も王安石の政治姿勢をめぐって同様の推測をしている。その『名臣言行録』のなかで、王安石は仁宗時期を政治運営に失敗した否定的時代ととらえ、その延長線上に新法時期の輿論を「流俗」と批判していたという言辞を紹介している。

しかしながら、王安石は、少なくとも自らは輿論を軽視あるいは無視しているとは思っていなかった。一〇七〇(熙寧三)年二月、司馬光が王安石に書簡を送り、新法は利益をはかり輿論を拒絶した政治をおこなっていると批判したことに答えて、先王の政治にならって利益を上げ、弊害を取り除いており、けっして輿論を拒絶しているのではなく、「邪説」をしりぞけ、大衆迎合の人間を批判しているにすぎないと反論している。その後、司馬光は、新法をめぐる再批判の書簡を二つ送りつけたが、王安石は黙殺の態度を取りつづけた。また、王安石は、既出の、三不足論をめぐる神宗とのやり取りで、「人言は恤《うれ》うるに足らず」を説明して、それは道理(原文は「義理」)に合わない議論は、気にする必要はないことだと述べ、その根拠として『春秋左氏伝』の「礼と義に愆《たが》うなければ、何をか人の言を恤《うれ》えん」を引用している。彼は、道理がなく筋道のとおらない意見を「邪説」「流言」ととらえていたのである。

こうした王安石の言説は、新法の諸施策が発布される度に、それに反対する意見がつぎつぎに出てくることに対する苛立ちを示していた。既出の、青苗法をめぐる曾伉に宛てた書簡に、青苗法が提起されると、つぎつぎと異論が噴出し、なにも訳の分からない連中が、それに付和雷同している（「群聾《ぐんろう》之に和す」）と苦々しい気持ちを吐露している。他方、王安石は、新法に対する建設的な意見は聞き入れようとしていた。一〇七一（熙寧四）年、募役法（助役法）を施行しようとしたとき、最初に開封近辺に施行して、それに不都合があるかどうか、新法の条文を掲示してまで、民衆の動向を見極めて全国に実施を広げようとしたことは、その端的な事例といえよう。

　農民に対しても主観的には同情の態度をとっていた。そこでの経験が新法改革の原型を形成したといわれる明州鄞県（浙江省寧波市）の知事時代の、「収塩」と題する詩には、矢継ぎ早に民衆に降りかかる負担に、禁令を破ってまで塩づくりをする貧しい庶民の姿が同情を込めて描かれている。また、財産家が土地をつぎつぎと集積してゆく姿を描いた「兼并」と題する有名な詩にも、そうした兼并現象の一方で、官吏は民衆から絞りたてることだけに精力を注いでいると慨嘆している。王安石の詩の多くには農民の生活を思いやる気持ちが満ち溢れている。

　しかし、為政者としては伝統的な民衆観に立脚している。一〇四七（慶暦七）

年前後に杜杞《とき》という人物に宛てた書簡に、民衆は政治の成果を一緒に楽しめばよいのであって、政策に着手するときに相談する必要はないという主旨のことを語っている。これは、孔子の「民は之《これ》に由《よ》らしむべし。之を知らしむべからず」(『論語』泰伯篇)という言辞を思い起こさせる民衆観である。保甲法をめぐって神宗と交わした会話にも、民衆の気持ちに(民情)に寄り添うだけの政治ならば、君主も官僚も必要はないと断言しているのである。ここにも、世俗に流され道理に欠ける意見は、「流俗」として排除しても構わないという言論観がうかがえる。実際、一〇七二(熙寧五)年には、都には百人をこえる「邏卒《らそつ》(見回りの兵士)」がおかれ、民衆が勝手に政治を議論することに目を光らせ、違反者を逮捕させていた。

いうまでもなく、なにを道理のある意見とし、なにを「流言」「流俗」とするかは、それを判断する主体の価値判断に依拠する。一〇六九(熙寧二)年八月、知諫院の范純仁は、均輸法の施行にかかわる上奏文のなかで、新法派は分別ある意見を陳腐な因習にとらわれた考えと貶《けな》し、「公論」を「流俗」と切り捨てていると申し立てている。また、参知政事の趙抃《ちょうべん》▲は、翌年四月、王安石が「公

▼趙抃(一〇〇八〜八四)　衢《く》州西安県(浙江省衢州市)出身。字は閲道。知非子と号した。一〇三四(景祐元)年の進士。武安軍(湖南省長沙市)節度推官を振り出しに官僚生活を開始。地方官としての治績によって、殿中侍御史として中央に任官し、権力者を恐れない弾劾ぶりから「鉄面御史」と称された。神宗が即位した六七(治平四)年一月から八カ月経った九月、張方平と同時に参知政事に任命されたが、王安石と対立して、七〇(熙寧三)年、杭州(浙江省杭州市)の知事として下野、さらには成都(四川省成都市)に移り、七九(元豊二)年に致仕。郷里の衢州で隠退生活を送り、八四年八月に七七歳の生涯を閉じた。諡は清献。

▼**蘇軾**(一〇三七〜一一〇一)　眉州眉山県(四川省眉山県)出身。字は子《し》瞻《せん》。号は東坡居士。一〇五七(嘉祐二)年、弟の蘇轍とともに科挙及第。王安石の新法には反対を称え、七九(元豊二)年、彼の作った詩が新法と朝廷を誹謗しているとして黄州(湖北省黄岡県)に左遷された(烏台《うだい》詩案)。神宗の死後、中央に復帰し、司馬光が新法を廃止する中で募役法の廃止には異議を唱えた。その後も政治に翻弄されて南方に流され、一一〇〇(元符三)年に恩赦を受けたが、翌年、常州で六六年の生涯を閉じた。唐宋八大家の一人で、門人の黄庭堅(一〇四五〜一一〇五)とともに北宋後半期を代表する文人。

論」を「流俗」と決めつけて排除していると批判する上奏文を残して中央政界を去った。一〇月には、翰林学士の范鎮は王安石ら新法派が諫言を拒否していることを理由に致仕している。こうした王安石の頑な態度は、やはり頑固一徹な性格で蘇軾▲から「司馬牛」と評された司馬光からさえも、片意地(「愎《ふく》」)と言わしめた。

頑《かたく》なに輿論に背いて道理性や合理性を求める態度は、他人から人としての情に欠ける人物と映ったであろう。王安石は、彼が生存している時代から「人情」に欠ける人間といわれている。その典型は、現在では蘇洵▲に仮託された偽書と判明している「辨姦《べんかん》論」の記述であろう。そこには、洗顔もせず、頭髪に櫛を入れず、垢染みた衣服を平気で着て経書を議論する王安石を人情とかけ離れていると非難する箇所がある。「辨姦論」は、南宋初には出回っていたといわれるが、それが流布するには、こうした人情に欠ける王安石という人間像がそのころまでにできあがって世間に受け入れられていたことを背景としていよう。ここにいう「人情」は、現在の日本語の語感に近い人間の感情や情愛といった意味で、既出の欧陽脩の「人情」が一般常識を指している点と異なる。し

▼**蘇洵**(一〇〇九〜六六)　眉州眉山県(四川省眉山県)出身。字は明允。青少年時代は学問を好まず、放縦な生活を送り、二七歳になって発憤して学問を始めたが、科挙に合格できなかった。そのため暫く読書と著述に明け暮れ、一〇五六(嘉祐元)年になって、蘇軾・蘇轍の二人の子息とともに都に出てきて、欧陽脩ら当時の文壇を代表する士大夫と交流した。晩年に欧陽脩が蘇洵の著作を朝廷に献上して官職を得たが、六六(治平三)年四月、五八歳の生涯を閉じた。唐宋八大家の一人。

かし、人間の感情や情愛は、たとえば落語の人情噺にみられるように、それを聴いたほかの人間の情動を喚起して感動させるのであって、やはりそこに人間共通の意志疎通が前提となっている。道理性・合理性だけでは人を感動させ説得できないのは、そのためであろう。人々の輿論は、合理的に形成されるばかりでなく、そこには「流俗」と分かちがたい情動つまり人情が介在することも多く、人々のもつ情動に無関心で、法律制度にもとづく合理性を追究した王安石は、輿論に信頼を置かなかったともいえよう。

それでは、台諫の排除に典型的にみられる王安石の輿論軽視の背景に彼のどのような国家像が透けてくるのであろうか。その手掛かりの一つは、『尚書』の「洪範」をめぐる議論であろう。「洪範」は、その書き出しにあるように、周の武王が殷を滅ぼして紂王を殺害したあと、紂王の子供の武庚《ぶこう》を殷の祭祀継承者に指名したとき、紂王の一族であった箕子《きし》が武王の質問に答えて、天地の大法を伝えたものだという。この「洪範」は、アメリカの歴史研究者アリ・ダニエル・レビンも指摘するように、北宋時期、政治的な党派論争(朋党論争)がおこなわれたとき、『易経』や『春秋左氏伝』と並んで、議論の論拠として頻繁に使用された経典であり、とりわけ「洪範」は、国家のあり方や君主と臣下との関係を論ずるさいに典拠とされた。王安石の「洪範伝」は、この「洪範」に彼独自の解釈(「伝」)を加えて整理したもので、蔡上翔『王荊公年譜考略』は、元豊年間(一〇七八～八五)に神宗に上呈されたと推測している。王安石は、従前の「洪範」に対する注釈では、箕子が武王に答えた本当の意図が明らかになっていないと考えて、「洪範」の経文を一節ずつ引用しながら、その都度、「何ぞや」と問いを発して自分の解釈を付け加えるという形態をとっている。とくに注目したいのは、「惟《こ》れ時に厥《そ》の庶民、汝が極みに於いて、汝に保極を錫《たま》う(万民の君主が中道を得た善を民衆に施す)、何ぞや」とあって、それに対して、君主がしっかりしておれば、庶民は良き民になるし、君主が片寄った政治をすれば、民衆もそれに応じて悪いことをすると注釈しているところである。政治における君主の役割をなによりも肝心な点だと強調しているのである。一〇五七(嘉祐二)年に仁宗に上呈した「万言書」でも、現在の人材不足には、官僚たちからだけでなく、在野(閭巷・草野)の人材を活用すべきだと提言したなかに、そうした人材を見出し登用する中核的役割は君主にあると、君主の役割の重要性を説いている。また、人材登用を専門に取り上げた「興賢」と題する文章でも、いつの時代でも、人材登用の要点は「君上」が賢者を任用する気持ちの有無にあると主張している。

このように王安石は、政治における君主(皇帝)の役割を極めて重視する国家観をもっていた。欧陽脩あるいは慶暦時代に代表される仁宗朝の国家観とは異なるというべきであろう。しかし、この国家像は王安石独自のものとはいえない。君主(皇帝)の絶対化を前提とした議論は、濮議のときに、台諫側が主張した論点であり、台諫側の理論的指導者であった司馬光も「功名論」と題する文章に端的に窺われるように、国家運営における君主(皇帝)の役割を極めて重視する立場に立っていた。「功名論」では、政治の要諦は、君主が臣下の能力をいかに見抜き登用するかにあると説いている。そして、春秋時代の斉の管仲、漢初の陳平や韓信、三国時代の諸葛孔明、五胡十六国時代の前秦の王猛といった歴史上の著名な人物さえも、それぞれ斉の桓公、漢の高祖、蜀の先主(劉備)、前秦の苻堅という優れた君主に遭遇しなければ、名も知られず世間に埋もれてしまい、輝かしい功績を後世に残すことができなかったと主張する。つまり、

「人臣」は功績を立てることはできず、功績というものは全て君主の功績にすぎないというのである。

とすれば、王安石と司馬光は、たしかに政治的に対立関係にあり、輿論を重視するかどうかという点で見解を異にしているけれども、強い皇帝権力をいだく国家像を志向していたという点で共通していたといえよう。要するに、英宗朝を仲立ちとして、仁宗朝時代までの政治体制をこえた地点に二人は立っていた。だが、両者は同じ国家像をいだきながら、王安石は、なによりも仁宗朝までの政治体制と決別し、それを乗りこえようとする志向性を明確にしていた。それを象徴するのが三不足論であった。司馬光はそこまでは踏み切れなかったと思われる。

⑤—王安石評価の変遷

南宋から清中期の評価

　王安石は、一〇八六(元祐元)年四月六日(太陽暦、五月二十一日)に六六年の生涯を閉じた。それから八年後の九四(紹聖元)年四月一三日、王安石は神宗廟に配享《はいきょう》された。配享とは、その仕えた皇帝の廟に功臣として祀られることであり、この処置は前年九月の宣仁太后の死去にともなって親政を始めた哲宗が旧法党を排除して、新法を推進する過程のなかでおこなわれたもので、王安石を神宗朝の第一の功臣と認定したことにほかならない。また、このころになって文という諡号も与えられた。文は、臣下が贈られる最上の諡号であるが、政敵の司馬光が亡くなった八六年九月一日(太陽暦、十月十一日)に、文正という諡号を贈られたことに比較すると、遅すぎた感じを否めない。これらの相違は、無論、神宗が亡くなって宣仁太后が垂簾聴政をおこなったとき、旧法党を登用して新法を廃止したことと密接にかかわっている。

　一一〇四(崇寧三)年六月、王安石は文宣王廟つまり孔子廟に配享された。儒

哲宗(在位一〇八五～一一〇〇)

徽宗(在位一一〇〇～一一二五)

教を国家の至上思想と仰ぐ前近代の王朝体制下で、孔子廟、しかも顔回と孟子につぐ位置に列せられたことは、士大夫にとって最高の名誉であり、この配享決定は、引きつづき徽宗朝が新法を政策の基本にすえると宣言しているに等しい。王安石に対する優遇は、家族まで恩典がおよんだ。一〇九八(元符元)年九月、王安石の遺族に対して開封城内に邸宅を賜い、一一二二(宣和四)年八月には、王安石の孫(王安石の長男、王雱の養子)王棣《おうてい》に、進士出身の特典が与えられている。

しかし、東北地方に新たに勃興した金との緊張関係が宋朝を危機に陥れ、王朝が滅亡を迎えると状況は一変する。一一二五(宣和七)年十月に南下を始めた金軍は、翌年正月に開封を包囲し、二月には一応の和約が成立して北方に引き上げた。こうした緊迫した状況下で、三月、右諫議大夫の楊時《ようじ》▲は欽宗に上奏文を提出し、こうした事態を招いた蔡京《さいけい》とともに、蔡京政治の根源である王安石の責任も重いと述べて、王安石の孔子廟配享を停止することを求めた。その結果、王安石は孔子廟の配享から従祀に格下げされた。

一一二七(靖康二)年二月六日(太陽暦、三月二十日)、金による徽宗・欽宗父子

▼楊時(一〇五三〜一一三五)　南剣州将楽県(福建省将楽県)出身。字は中立。一〇七六(熙寧九)年の進士。科挙合格後、一〇年以上も任官せず、程顥・程頤に師事し、勉学と著述に専念した。徽宗朝時代は、諫議大夫兼国子祭酒として、王安石の学術に反対の立場をとり、蔡京の専権政治を批判し、金の領土割譲要求や和議に反対した。南宋の高宗が即位すると、工部侍郎に任命されたが、一一三〇(建炎四)年に致仕。学問と著述に明け暮れして、一一三五(紹興五)年に八三歳の生涯を閉じた。諡は文靖。程門の「四先生」の一人、亀山先生と呼ばれ、思想的に二程と朱熹を橋渡しする役割を果たした。

▼道学　唐代半ば頃から、仏教や道教に対抗して、中国には古くから至高の価値(道)が伝承されてきており、それを復活すべきだという思弁的儒学が興起してきた。宋代に入り、周敦頤・張載・二程(程顥・程頤)らによってその理論化が進み、楊時らを経て、南宋中期の朱熹によって大

の庶人への降格と拘留が二人に申し渡されて、一旦、宋朝は滅んだ。宋朝が南渡すると、二九(建炎三)年六月、後に宰相となる趙鼎《ちょうてい》は北宋滅亡の原因として王安石を糾弾する上奏文を上呈し、その結果、王安石は神宗廟の配享からはずされた。

南宋初代の高宗は、北宋時期に一度編纂された『神宗実録』と『哲宗実録』を改訂し、加えて『徽宗実録』を編纂しようとする強い要望があった。要するに、これらの神宗と哲宗の両実録が新法党の党派的観点で編修されている点に不満があって、改修が指示されたのである。この両実録の改修は、一一三四(紹興四)年に本格化した。この動きは、当時、新法に批判的な道学▲系官僚の中央政界における台頭と軌を一にしていた。両実録の編纂には、当然ながら范《はん》沖《ちゅう》ら旧法党系の人物が参加者の大部分を占めていた。范沖の父親の范祖禹は、司馬光の『資治通鑑』編修に協力し、『唐鑑』の著者としても著名な反新法派の人物であった。『徽宗実録』は、王安石に同情的であった秦檜《しんかい》▲の主導の下に編修されたが、ずさんな内容のために、改訂し直され、一一七七(淳熙四)年になって完成した。このとき、南宋二代目の孝宗(在位一一六二～八九)の治世に

成された。こうした道徳を大切にし、思弁的儒学を探求する人たちを、宋代では道学派と呼んだ。それを反映して『宋史』は、儒学に貢献した人たちの列伝を二つの部類に分け、儒林伝の他に道学伝を立てて、思弁的儒学者を道学伝に入れた。ただ、陸九淵(象山)は儒林伝に入っている。

▼秦檜(一〇九〇～一一五五)　江寧府(江蘇省南京市)出身。字は会之。一一一五(政和五)年の進士。靖康年間(一一二六～二七)に殿中侍御史や御史中丞を歴任し、金が大臣の張邦昌を皇帝とする傀儡政権の楚を華北に作ると、それに反対して、金の捕虜となった。三〇(建炎四)年、妻の王氏や下僕とともに金から脱出し、南宋に逃れると、金の事情を知るものとして高宗に重宝され、三一(紹興元)年二月に参知政事、八月には宰相となって金との和平を推進し、四二年、金との和議締結に漕ぎ着けた。その間、韓世忠・岳飛・張俊らの主戦派将軍から兵権を取り上げ、それに最後まで抵抗した岳飛を無実

の罪で投獄し殺害した。一九年間も宰相に在位し、五五年十月、六六年の生涯を閉じた。謚は忠獻。寧宗朝になって王爵を剥奪され、謚も改悪されるなど、死後になって取り扱いが一変した。

入っていた。こうして、旧法党の見解に彩られた神宗・哲宗・徽宗各朝の実録が残り、ことにこのたびの『神宗実録』の王安石評価が、その後の王安石観を決定づけた。しかし、高宗朝時期は、官僚の多数が新法時代に官僚となった人たちであり、王安石に対する悪評がこの時期に固まったわけではない。

　王安石の悪評は、道学が官界で大勢を占めてくるにしたがって定着していった。道学を大成させた朱熹は、その学問が偽学として禁止された(慶元の党禁)最中の一二〇〇(慶元六)年に七一歳の生涯を閉じたが、理宗(在位一二二四〜六四)の治世時代に次第に正統儒学として公認されていった。それにともない、理宗が一二四一(淳祐元)年正月に太学を訪れたさいに、三不足論を述べた王安石は「万世の罪人」だと決めつけられ、孔子廟の従祀からも追放された。

　既述のように、三不足論は、仁宗朝の政治を否定し、それを乗りこえようとする意図が示されていたが、道学の流れは、それとは対蹠的な思想意識に立っている。朱熹の先駆者の一人として著名な張載▲が、范仲淹の忠告によって軍事貢献に挺身しようとした志向を捨てて、儒学に志したという逸話はよく知られている。范仲淹は、「天下の憂いに先だちて憂え、天下の楽しみに後れて楽し

▼**張載**（一〇二〇～七八）　鳳翔府眉県（陝西省眉県）横渠鎮出身。号の横渠は、出身地に因んでいる。字は子厚。一〇五七（嘉祐二）年の進士。祁《き》州（河北省安国県）司法参軍を振り出しに官僚生活を開始。七〇（熙寧三）年に病気で帰郷して、読書と講学に明け暮れした。七七年春、知太常礼院という儀礼を司る役所の長官に現職復帰したが、十一月に再び病気で帰郷、十二月二十三日（太陽暦、七八年一月九日）、五八歳の生涯を閉じた。著作の中でも、『正蒙』『西銘』は張載の思想を端的に物語るものとして、朱子にも大きな影響を与えた。

む（先憂後楽）」ということを政治信条とし、張載は学問の目的が、「万世の為に太平を開く」ことにあると公言していた。「先憂後楽」の「後楽」は、日本人にも水戸徳川家の「後楽園」の典拠としてよく知られ、「万世の為に太平を開く」という語句も、一九四五年の終戦の詔勅の一節にも使用されて、人口に膾炙している。二人の言辞は、自分の言動が天下全体にかかわるという壮大な意気で政治や学問に携わることを表現したものである。このことに象徴的に示されるように、慶暦の新政にかかわった人々と、その後に台頭してくる道学を志す人たちとは極めて親和性があり、ことに南宋時期の道学派は、王安石の流れを汲む思想を否定する意味からも、慶暦を含む仁宗時代を称揚してきた。朱子学が体制の学問として公認されると、仁宗時代を称揚する価値観も受け継がれ、したがって仁宗時代を否定し、克服しようとした王安石の思想は忌避されるようになったのである。

清代後期以後の評価

こうした状況に変化が兆すのは、清朝も後半になってからである。最初に記した蔡上翔の『王荊公年譜考略』は、王安石の七〇〇余年間にも及ぶ悪評を事実にもとづいて客観的態度で晴らそうとしたものである。蔡上翔の出身地の金渓県は、王安石の郷里の臨川県の隣であり、自序の最後に「金渓の後学」と記しているように、同郷人としての気持ちが執筆の強い動機となっている。この書物は、一八〇四(嘉慶九)年、八八歳のときに完成した。蔡上翔のこの書物は、その客観的な態度を貫こうとしている姿勢から、現在に至るまでも王安石研究者に利用されてきており、そのために現代中国においても何度と無く出版され、王安石研究者に便宜を与えている。

　蔡上翔を引き継ぎ、清末の内外の情勢に触発されて、新しい王安石像を提示しようとしたのが、梁啓超▲の『王荊公』(一九〇八年)や『王安石評伝』(一九三五年)であった(両者ともに内容はほとんど同じであるが、前者には王安石の年表や系譜はない)。彼は、新法を民衆に農業や商売の資本を低利で貸し与えたことに端的に見られるように、貧富の差や私有財産制度を国家権力の干渉の下に制御しようとした一種の社会主義的政策だと評価している。梁啓超の評価と捉え方は、近代以前の王安石に対する悪評を一変させたものとして、その後の

▼**梁啓超**(一八七三〜一九二九) 広東省新会県出身。字は卓如。飲冰《いんぴょう》室《しつ》主人などと自称。一八九七年、長沙(湖南省長沙市)に赴いて譚嗣同《たんしどう》とともに南学会を組織して、湖南省における革新運動に邁進。八九年には北京に出向いて康有為とともに保国会の結成に奔走し、光緒帝の召見を受けて、いわゆる戊戌の変法の一翼を担うが、保守派による政変(戊戌の政変)で日本に亡命。横浜で『清議報』を創刊するとともに、日本で国際情勢やヨーロッパ思想を学んだ。一時、日本を離れてハワイやオーストリアに渡り、日本に戻ると『新民叢報』『新小説』を創刊し、立憲君主制に基づく清朝政治の刷新を主張した。その後、中国に帰り、晩年は『清代学術概論』や『中国歴史研究法』などの名著を次々と執筆して、学術界に大きな足跡を残した。

王安石評価や王安石研究に多大な影響を及ぼしている。

日本の近代以降の王安石研究は、この梁啓超の評価を基礎に据えながら、王安石の人物像や彼の新法を客観的史実にもとづいて明らかにし、新法の歴史的意義を示そうとしてきた。そのなかで、佐伯富『王安石』(一九四一年)は、明治以後の近代的歴史研究にもとづく宋代政治史や中国社会経済史の成果を盛り込んで、王安石の生涯や新法の性格を叙述しようとする志向性を強く打ち出した最初の書物といえよう。本書は、その結論として、王安石は富豪と貧者の対立する社会の弊害を積極的に合理的に解決しようとしたが、宋代には富豪の政治、社会に対する支配権が確立しており、そのためにそれを緩和しようとした新法は失敗したのだと述べている。この佐伯富の捉え方は、その後の研究者にも大筋で受け継がれてきており、したがって本書の最初にも触れた高等学校の世界史教科書の記述にも反映されている。

佐伯富の捉え方を引き継ぎながら、中国や欧米の研究をも消化しながら満を持して世に問うたのが、東一夫『王安石新法の研究』(一九七〇年)である。東はその後も一九九〇年初頭に至るまで王安石に関連した数冊の書物を公表し、新法が出現してきた時代的背景を念頭において新法の内実を解明しようとしているが、後の著述になるほど、王安石の先見性が近代以前には理解されなかった「早すぎた近代主義的政治家」だという歴史像を全面に押し出すようになってきている。

他方、現代中国の王安石研究を代表するのが、鄧広銘《とうこうめい》と漆侠《しつきょう》の書物であろう。鄧広銘は一九五一年以来、数度にわたって王安石伝を公表してきて、とりわけ文化大革命が終了して近代化路線が採用された後に刊行された『北宋政治改革家王安石』(一九九七年)は、文革以前の自著を政治的圧力の下に執筆された不本意な書物だとして大幅に書き改め、王安石の改革家としての側面を全面的に肯定した内容となっている。しかし、鄧広銘のこの不満の表明にもかかわらず、彼の王安石論は文革の以前も以後も、この書物を含めて王安石を民族主義的・愛国的政治家であった点や、「三不足」が王安石の考えを端的に表現したものであるとする点などの主張は一貫している。漆侠『王安石変法』(一九七九年)は、王安石が資産階級の改良主義者であり、その改革は結果的に地主階級の利益に合致しており、したがって農民革命と対抗し、それを鎮圧する姿勢を示していて、真の意味で広大な労働者人民の利益を計っていないという厳しい評価を下している。しかし、この厳しい言辞とは裏腹に、本書の叙述を子細にみてゆくと、統計資料の活用や、改革の内容が時期によって異なってくることや改革を担う集団の分析など、客観的で緻密な論証が随所にみられる。

欧米の王安石研究としては、まず一九三五年に刊行されたウィリアムソン（H.R.Williamson）の浩瀚な伝記が存在する（Wang An-shih;AChinese Statesman and Educatoinalist of the Sung Dynasty）。それは世界恐慌やナチズムの台頭に刺激されて、国家の経済政策に深い関心が寄せられていた時代を反映していた。しかし、現在の王安石研究に多大な影響を与えた書物としては、一九五九年に公刊された劉子健《りゅうしけん》の王安石伝に指を屈すべきだろう。この書物は、王安石の生涯・学問や新法諸政策を、彼の生きた時代背景の中に置いて、その意味を捉えようとしており、結論としては王安石を人々の風習までも変えようとした理想主義的官僚であった述べている。ことに王安石の志向性や彼の儒学理念と新法との関わりといった論点などは、その後の欧米の王安石研究にも引き継がれていっており、重要な新法の一つとして一章を割いて取り上げている募役法（免役法)に関する論述にも先駆的な研究としてみるべきものがある。

王安石は、国家全体に対する構想力をもった優れた政治家・改革家である。それだけに王安石と新法をどのように捉えるかの議論は、今後とも続くであろう。しかし、どのような立場であっても忘れてはならぬのは、あくまでも彼も自分の生きた時代の制約を当然に受けているという点である。従前の王安石像の中には、ともすれば、この点を忘れて論者自身の価値観を叙述のなかに滑り込ませているものが皆無とはいえない。彼を時代の文脈のなかに置いて、少し突き放すぐらいの位置に立って見てみる必要があるのではなかろうか。本書も、そうした試みの一つであることはいうまでもない。

王安石とその時代

西暦	皇帝・年号	齢	おもな事項
1021	真宗　天禧 5	1	***11***– 安石，誕生。父は王益，母親は呉氏
1039	宝元 2	19	***2***– 父・王益，死去（享年，46）。
1042	慶暦 2	22	***3***– 安石，科挙に合格（楊寘榜の進士第四名）。この年，簽書淮南判官（江蘇省揚州市）に任官。
1047	慶暦 7	27	明州鄞県（浙江省寧波市）の知事に任官。
1050	皇祐 2	30	鄞県知事の任期を終え，臨川に赴く。
1058	嘉祐 3	38	***10***– 度支判官に任命。仁宗に「言事書（万言書）」を奉る。
1067	治平 4	47	***1***– 英宗崩御，神宗即位。閏 ***3***– 江寧府知事。***9***– 翰林学士。
1068	神宗　熙寧 1	48	***4***– 神宗に謁見。
1069	熙寧 2	49	***2***– 参知政事。制置三司条例司設置。***7***– 均輸法を施行。***9***– 青苗法を施行。***11***– 農田水利法を施行。
1070	熙寧 3	50	***5***– 制置三司条例司を廃止し，中書に統合。以後，新法の策定は司農寺が担当。***12***– 保甲法を施行。韓絳とともに同中書門下平章事（宰相）となる。
1071	熙寧 4	51	***2***– 科挙の明経科をやめ進士科に統一。進士科の試験では詩賦を廃止し，経義・論・策を科す。***10***– 募役法（免役法）を全国に施行。太学三舎法の制定。
1072	熙寧 5	52	***3***– 市易法を施行。***5***– 保馬法を施行。***8***– 方田均税法を施行。***10***– 熙河路を設置。
1073	熙寧 6	53	***3***– 経義局を置き，王安石が統率。王雱・呂恵卿を同修撰とする。***6***– 軍器監を設置。***8***– 免行法の施行。***9***– 武人の科挙（武挙）を開始。
1074	熙寧 7	54	***4***– 同中書門下平章事を辞任し，知江寧府となり，呂恵卿，参知政事に就任。***7***– 手実法を実施。
1075	熙寧 8	55	***2***– 同中書門下平章事に復帰。河北に戸馬法を実施。***6***–『周礼』『尚書』『詩経』の三経新義が完成し，学官に頒布。***10***– 呂恵卿，参知政事を罷免，手実法を廃止。
1076	熙寧 9	56	***10***– 尚書左僕射・兼門下侍郎・平章事・昭文館大学士・監修国史を辞め，鎮南軍節度使・同平章事・判江寧府に就任。
1077	熙寧 10	57	***6***– 集禧観使（祠禄官）となり，実職から離れる。
1078	元豊 1	58	***1***– 舒国公に封ぜらる。
1080	元豊 3	60	***9***–「三経新義」の誤字の改訂を上奏。荊国公に改封。
1082	元豊 5	62	***4***– 官制の大改革を実施。この年，『字説』が完成，上呈。
1084	元豊 7	64	***6***– 居住する園屋を僧寺とし，報寧院と命名。
1085	元豊 8	65	***3***– 神宗，崩御（享年，38），哲宗，即位。宣仁皇太后，垂簾聴政。***4***– 保馬法，廃止。***5***– 司馬光，門下侍郎に就任。***7***– 保甲法，廃止。***11***– 方田均税法，廃止。***12***– 市易法・保馬法，廃止。
1086	哲宗　元祐1	66	閏 ***2***– 司馬光，尚書左僕射・門下侍郎に就任。***3***– 訴理所を設置。免役法，廃止。***4***– 王安石，死去。***9***– 司馬光，死去（享年，68）

参考文献

○王安石関連文献

佐伯富『王安石』冨山房，1941年，中公文庫，1990年，再録

小野寺郁夫『王安石』人物往来社，1967年

東一夫『王安石新法の研究』風間書房，1970年

東一夫『王安石——革新の先覚者』講談社，1975年

東一夫『王安石と司馬光』沖積舎，1980年

東一夫『王安石事典』国書刊行会，1980年

東一夫『日本中・近世の王安石研究史』風間書房，1987年

東一夫『歴史を彩る中国の女性——近代化への脈動』風響社，1992年

三浦國雄『王安石——濁流に立つ』集英社，1985年

梅原郁「王安石の新法」(『岩波講座　世界歴史』9，岩波書店，1970年)

熊本崇「薛向略伝——北宋財政官僚の軌跡」(『集刊東洋学』51，1984年)

鄧広銘『王安石——中国十一世紀時的改革家』北京，人民出版社，1975年

鄧広銘『北宋政治改革家王安石』北京，人民出版社，1997年

漆侠『王安石変法』上海人民出版社，1979年

李華瑞『王安石変法研究史』北京，人民出版社，2004年

James T.C.Liu (劉子健), *Reform in Sung China ;Wang An-shih (1021-1086) and his New Policies,* Cambridge, Massachusetts, Harvard University Press, 1959.

John Meskill ed.,*Wang An-shih;Practical Reformer?,* Boston, Heath and Company, 1963.

木田知生『司馬光とその時代』白帝社，1994年

Xiao-bin Ji (冀小斌), *Politics and Conservatism in Northern Song China;The Career and Thought of Sima Guang (A.D.1019-1086)*, Hong kong, The Chinese Press (香港中文大学出版会), 2005.

○時代背景を知るための参考文献

荒木敏一『宋代科挙制度研究』東洋史研究会，1969年

周藤吉之・中島敏『中国の歴史』5，講談社，1974年（講談社学術文庫，2004年に『五代と宋の興亡』と改題されて再録）

梅原郁『宋代官僚制度研究』同朋舎，1985年

竺沙雅章「宋代の士風と党争」(『中世史講座』6)，学生社，1992年

平田茂樹『科挙と官僚制』世界史リブレット９，山川出版社，1997年

宮澤知之『宋代中国の国家と経済』創文社，1998年

小島毅『宋学の形成と展開』創文社，1999年

小林義廣『欧陽脩　その生涯と宗族』創文社，2000年

小島毅『中国思想と宗教の奔流』中国の歴史７，講談社，2005年

近藤一成『宋代中国科挙社会の研究』汲古書院，2009年

宮崎聖明『宋代官僚制度の研究』北海道大学出版会，2010年

並木頼寿・杉山文彦編『中国の歴史を知るための60章』明石書店，2011年

島居一康『宋代財政構造の研究』汲古書院，2012年

平田茂樹『宋代政治構造研究』汲古書院，2012年

鄧小南『祖法之法——北宋前期政治述略』北京，生活・読書・新知三聯書店，2006年

Ari Daniel Levine, *Divided by A Common Language;Factional Conflict in Late Northern Song China,* Honolulu, Hawai'i University Press, 2008.

図版出典一覧

王圻・王思義『三才図会』上海古籍出版社，1985年版　*4, 12, 13*下*, 15, 74, 83*
河南省文物局編著『安陽韓琦家族墓地』科学出版社，2012年　*13*上
国立故宮博物院編輯委員会『千禧年宋代文物大展』台北，国立故宮博物院，2000年　*3, 19, 79*
鄧広銘『王安石』人民出版社，1975年　扉
シーピーシー・フォト　カバー表
ユニフォトプレス　カバー裏

小林義廣(こばやし よしひろ)
1950年生まれ
名古屋大学大学院文学研究科博士後期課程満期退学
専攻，中国宋代史，宗族
現在，東海大学文学部特任教授
主要著書・論文
『欧陽脩　その生涯と宗族』(創文社 2000)
『宋代地方官の民衆善導論――琴堂諭俗編訳註』(知泉書館 2009)
「内藤湖南の中国近世論と人物論」(『内藤湖南の世界――アジア再生の思想』河合文化教育研究所 2001)

世界史リブレット人㉝
王安石《おうあんせき》
北宋《ほくそう》の孤高《ここう》の改革者《かいかくしゃ》

2013年 8 月30日　1 版 1 刷発行
2017年 8 月30日　1 版 2 刷発行

著者：小林義廣《こばやしよしひろ》

発行者：野澤伸平

装幀者：菊地信義

発行所：株式会社 山川出版社

〒101-0047　東京都千代田区内神田 1 -13-13
電話　03-3293-8131(営業) 8134(編集)
https://www.yamakawa.co.jp/
振替 00120-9-43993

印刷所：株式会社 プロスト

製本所：株式会社 ブロケード
 ISBN978-4-634-35033-5